Heiko Bräuning

Mehr als Frieden: Shalom

Hebräische Wörter voller Aha-Erlebnisse

kawohl

Bestell-Nr.: RKW 5035

3. Auflage 2025

Blumenkamper Weg 16, 46485 Wesel, verlag@kawohl.de

Titelbilder: Getty Images/photovs, pamela_d_mcadams, MiniMoon Photo
Lektorat, Satz, Gestaltung: RKW
Korrektorat: Inge Frantzen
Korrektorat der hebräisch geschriebenen Worte:
Prof. Dr. Heinz-Dieter Neef
Druck und Verarbeitung:
Drukarnia Dimograf, Bielsko-Biała, Polen

ISBN 978-3-86338-035-9 www.kawohl.de

Inhaltsverzeichnis

Am Anfang war das Bild

Für die hebräische Sprache gilt, was für viele Sprachen gilt: Am Anfang war das Bild. Die Bilder entstanden durch Beobachtung: der Natur, der Schöpfung, der Tierwelt, der Himmelswelten, der Prozesse und Zusammenhänge, die man wahrnehmen kann, wenn man genau hinsieht. Und dann wurde daraus ein Buchstabe kreiert, der das Bild zum Ausdruck bringt. Setzt man diese zusammen, fügt man Bilder aneinander. Und wenn man die zusammengesetzten Buchstaben – das daraus entstandene Wort – in seiner Tiefe und Vollkommenheit verstehen will, muss man die Bilder dahinter erkennen, die die unabdingbar zusammengehörenden Prozesse beschreiben.

Hebräische Verben bestehen aus einer Wurzel von 2 oder 3 Buchstaben. Diese drei Buchstaben voller Bilder ergeben ein Wort mit vielen verschiedenen Bedeutungen, die alle zusammengehören. Man hat im Judentum seit langer Zeit die Zusammenhänge genau beobachtet und versucht, diese mit und in einem Wort auszudrücken. Wenn man nun also ein hebräisches Wort mit einem einzigen – zum Beispiel deutschen – Wort übersetzen will, dann macht man das hebräische Wort sehr klein und schmal. Hinter jede Übersetzung muss man eigentlich in die hebräische Ursprache hineinschauen, um zu begreifen, was eigentlich gemeint ist.

Martin Luther tat ein großes Werk: Er übersetzte die hebräische Tora ins Deutsche und hat versucht, für jedes Wort des Urtextes jeweils ein deutsches Wort zu finden. Das ist ihm in weiten Teilen gelungen. Allerdings konnte er nicht in allem die ganze Bedeutung und die Zusammenhänge, die jüdisches Denken kennt, wiedergeben.

Wer der hebräischen Sprache jedoch auf den Grund geht, wer hinter die Buchstaben schaut und die Bilder entdeckt, der spürt Zusammenhänge auf, die Horizonte öffnen und Denkmuster in Frage stellen, überwinden, erweitern. Der bekommt Antworten auf Fragen, die bisher unbeantwortet waren. Kurz gesagt: der spürt eine tiefe Überraschung über so viele Aha-Erlebnisse!

Auch für mich persönlich war es so. Mein Theologiestudium hat mir die Logik über Gott vermittelt, mich aber nicht so tief in jesuanisches Denken geführt, wie das Sprachstudium: Hebräisch! Hebräisch war die Sprache Jesu, besser gesagt: Eine der Sprachen Jesu. Aramäisch war die Umgangssprache, Hebräisch die Gelehrtensprache. Und die hat er beherrscht. Jedes Mal, wenn er die Tora las und auslegte, tat er das nicht in aramäisch, sondern in hebräisch – der Sprache der Gelehrten und der Tora! Und so, wie er die Tora gelesen hat, liest man sie noch heute. Heißt: wie er gedacht hat, was er gewusst hat, das wissen und denken Juden heute noch, wenn es um die Bücher Mose geht, die Propheten oder die Psalmen. Und als hebräisch sprechender Mensch war Jesus mit der Sprache vertraut und kannte ihre Tiefen und ihre Geheimnisse.

Übrigens: Wie für jede Sprache gibt es auch für die hebräische Sprache Nachschlagewerke. Und in diesen Wörterbüchern lassen sich die Bedeutungen, die Bilder, die Geheimnisse entdecken. Es braucht nicht unbedingt ein großes Quellenstudium oder große Wissenschaft. Manchmal genügt ein Blick ins Lexikon. Ich empfehle zum Beispiel das „Hebräische und aramäische Handwörterbuch“ von Wilhelm Gesenius oder das „Theologische Handwörterbuch zum Alten Testament“ von Ernst Jenni und Claus Westermann. Beide haben mir auch für dieses Buch gute Dienste getan.

Um bei meinen Quellen zu bleiben: Neben der Tora selbst waren auch das Neue Testament in griechischer Sprache wichtig sowie eine Konkordanz, um die gewaltigen Zusammenhänge zu entdecken. Und von unschätzbarem Wert war die Freundschaft und der Austausch mit Lea Fleischmann, einer bekannten und engagierten Autorin aus Jerusalem. Ein besonderer Dank für die Zusammenarbeit gilt meinem Hebräischlehrer, Prof. Dr. Heinz-Dieter Neef aus Tübingen, der mir viele wichtige Impulse für dieses Buch gegeben hat und der auch alle hebräisch geschriebenen Wörter noch einmal geprüft hat.

Wilhelmsdorf, Heiko Bräuning

Hinweise

Das Wort „Tora“ verwende ich in diesem Buch im weiteren Sinne (pars pro toto) und meine damit das gesamte Alte Testament, d.h. den gesamten Tanach. Dieser umfasst sowohl die Tora (Weisung) im engeren Sinne als auch die Nevi’im (Prophetenbücher) und die Ketuvim (Schriften).

Die hebräische Schrift gibt standardmäßig nur Konsonanten wieder, was in manchen Fällen Interpretationsspielräume eröffnet. Vokale können optional durch ergänzende Zeichen hinzugefügt werden.

Die hebräischen Buchstaben werden hier in einer vereinfachten Umschrift (ohne Sonderzeichen außer ᵓ (Aleph) und ᶜ (Ajin)) in lateinischen Buchstaben wiedergegeben.

zeigt an, wie die Konsonanten des hebräischen Wortes vokalisiert und ausgesprochen werden. Die vokalisierten Worte werden teilweise auch im Text verwendet.

Um der Lesbarkeit und der Leichtigkeit willen vokalisiere ich nach dem sogenannten Grundstamm (= Qal) – soweit vorhanden – wohl wissend, dass es weitere Stammesmodifikationen gibt. Wenn Qal nicht vorhanden ist, wird nach anderen Modifikationen vokalisiert.

Zu manchen hebräischen Wörtern gibt es mehrere Kapitel, die unterschiedliche Aspekte beleuchten.

א

aleph

Die Repräsentanz Gottes

Aleph ist der erste Buchstabe des hebräischen Alphabetes. Und zwar einer, den man im Gegensatz zu P oder Z, M oder O gar nicht ausspricht, es ist ein lautloser Buchstabe.

In der Tradition des Judentums wird auch von der Erschaffung der Buchstaben erzählt: In der Erzählung erscheinen alle Buchstaben vor dem Herrn und geben gute Gründe an, warum jeweils sie der erste Buchstabe sein sollten. Alle kommen – außer dem Buchstaben Aleph. Als der Herr fragt, warum das so sei, erklärt das Aleph: „Ich bin doch nur ein lautloser Buchstabe und habe deshalb nichts zu sagen." Doch der Herr zeichnet die Demut des Aleph aus und erklärt es zum ersten aller Buchstaben.

Und dieses Aleph hat es in sich! Ja, es trägt sogar Gott in sich! Denn: Als erster Buchstabe im hebräischen Alphabet symbolisiert Aleph die Präsenz Gottes! Er repräsentiert Gott als Schöpfer, durch den alles entstand und der über allem steht. Er symbolisiert die Gegenwart Gottes. Er steht für Gottes Präsenz in den durch das Wort mit Aleph formulierten Zusammenhängen und Prozessen.

Aleph steht für Konzentration auf Gott. Für ein Sich-Fokussieren auf Gott, mitten in allem und trotz allem. Ja, damit hat das Aleph auch etwas Verborgenes, etwas Unbegreifliches, Unerklärliches an sich. Denn nicht immer bringt man alles heiter mit Gott in Verbindung. Und dennoch: Alles hat seinen Ursprung in Gott.

Wo nun findet man den Buchstaben Aleph? Noch dazu am Anfang hebräischer Worte? Im Wort für Gott selbst: „Adonai". Im Wort für Mensch: „Adam". Im Wort für Frau: „Ischah". Im Wort für Vater: „Abba". Auch die Zehn Gebote beginnen mit dem Buchstaben Aleph: „anochi ..." – „Ich bin der Herr, dein Gott (...) Du sollst keine anderen Götter neben mir haben." (2. Buch Mose 20,2) Der Name Gottes, den er Jakob gegenüber genannt hat. Das Wort für Wahrheit beginnt mit Aleph: „omen" oder „emet".

Weitere Worte, die mit Aleph beginnen: umherirren, verlieren. Begierde. Bedürfnis, Sucht. Armut. Stärke. Tapferkeit. Stein. Erde. Liebe. Mühe, Unheil. Licht. Ohr. Bruder. Verwandtschaft. Ausgang (Endergebnis einer Sache). Feind, Schrecken und Angst. Schuld.

In all diesen Worten drückt das Aleph die Präsenz Gottes aus! Gott ist präsent, auch in der Angst, auch in der Schuld. Auch in der Sucht. Gott ist gegenwärtig, auch im Feind. Auch in der Armut.

Auch wenn sich Hindernisse auftuen, so deutet das Aleph im Wort auf die Repräsentanz Gottes hin, der mir sagt: „Ich bin bei dir, auch wenn man dir viele Steine in den Weg legt. Die Steine führen zu mir!"

Und Gott in meinem Bruder. Gott in meiner Frau. Gott in meinem Umherirren und in meinen Bedürfnissen.

Wie sagt es Paulus: „Fürwahr, er ist nicht ferne von einem jeden unter uns. Denn in ihm leben, weben und sind wir." (Apostelgeschichte 17,27 und 28)

Der Buchstabe „Aleph" ist abgeleitet vom Zeichen für einen Stierkopf mit 2 Hörnern. In Psalm 92,11 ist der Stier Symbol für Stärke: „Aber mich machst du stark wie den Wildstier und salbst mich mit frischem Öl."

Durch die weitere Entwicklung erinnert das Aleph an eine Achse, einen festen Halt, an den sich Menschen klammern im Auf und Ab des Lebens. Halt und Ursprung ist in Gott. Der Achse des Lebens.

שלם

s-l-m *shalom*

Mehr als Frieden!

Die Wurzel שלם s-l-m bedeutet: genug haben, damit sich die gesunden Kräfte der Seele frei entfalten können. Shalom heißt nicht in erster Linie „Friede" und der Zustand von Shalom ist nicht durch diplomatische Verhandlungen, Waffenruhen und Friedensverträge zu erreichen.

Wer in Israel Freunde trifft, begrüßt sie herzlich mit „Shalom"! Wenn man sich verabschiedet, gibt es ebenfalls ein „Shalom" zum Gruß. Ein sogenannter „Friedensgruß". Der Anbieter eines Hebräisch-Fernkurses lehrt, Shalom heiße so viel wie „Hallo". Andere haben uns beigebracht, Shalom heiße „Frieden". Ein Blick in das Theologische Handwörterbuch zum Alten Testament zeigt, dass Shalom in keiner Sprache der Welt, vor allem nicht im Ursprungsland, dem arabischen Raum, „Friede" heißt. Man kann es so übersetzen, löst damit aber keine Aha-Erlebnisse mehr aus. Die Fragen bleiben nämlich offen: Was ist denn Frieden? Wie wird denn Frieden?

Die hebräisch sprechenden Menschen und ihre ganzen semitischen Nachbarn haben folgende Erfahrung und Beobachtung gemacht: Ein Mensch ist „zu*frieden*“, er hat in sich Frieden, er ist „be*friedigt*“, wenn er „genug hat“. Wenn er nicht mehr das allzu menschliche Gefühl hat, dass er zu wenig hat. Dass er immer zu kurz kommt. Dass es ungenügend ist, was er hat, was er kann, was er ist. Deshalb heißt Shalom: „genug haben“. Wer sich Shalom wünscht, wünscht dem anderen, dass er genug hat.

Denn das war eine existenzielle Erfahrung von Anbeginn der Menschheit: Wer das Gefühl hat, zu kurz zu kommen, der ist im Stande, zum Mörder zu werden. Kain und Abel zum Beispiel: Kain hatte das Gefühl, bei Gott zu kurz zu kommen. Oder: Warum schreien wir uns als Baby die Kehle aus dem Leib, wenn wir hungrig sind? Weil uns eine Angst in die Wiege gelegt wurde, zu kurz zu kommen und dann auf der Strecke zu bleiben. Deshalb werden wir erst ruhig, wenn wir an der Brust der Mama sind. Gestillt sind wir „zu*frieden*“.

Ein Freund von mir sagte: „Alle Kriege, die man bisher gegen Israel geführt hat, sind Kriege des Neides. Die ganze Welt ist neidisch auf die Juden. Weil sie das auserwählte Volk sind, weil sie im Land leben, wo Milch und Honig fließen. Weil sie die besten Weine produzieren, die beste IT-Technik haben, die beste Landwirtschaft, die beste Medizin, die beste Rüstungsindustrie usw. Immer und überall haben Menschen dem Volk Gottes gegenüber den Eindruck: Wir selbst kommen zu kurz. Die sind was Besseres! Die haben von allem mehr. Wir haben zu wenig. Und dieser Neid führt zu Streit, zu gewaltigen Überlebenskämpfen und letzten Endes zum Krieg. Sogar zum Wunsch der Vernichtung. Denn dann wäre auch der Neid nicht mehr. Der dann aber natürlich an anderer Stelle entsteht."

Wir können alle Streitereien und alle Kriege der Welt auf das eine Gefühl zurückführen: Neid und Habsucht, Vergleich und Ungerechtigkeit. Das Gras meines Nachbarn ist viel grüner als meines. Er hat den viel schöner gepflegten Garten. Der Kollege hat eine wunderschöne Frau. Viel schöner als meine. Der hat viel mehr Geld. Der hat viel mehr Talent(e) als ich. Der hat die schönere Stimme. Das größere Auto. Die Nachbarn haben ihr Haus schon wieder neu streichen lassen. Wir sitzen noch mit der alten, verdreckten Fassade da. Wie oft habe ich festgestellt: Der singt viel schöner. Früher habe ich gedacht: Der ist eine Sportskanone, ich ein Versager. Oft habe ich geglaubt: Man liebt mich weniger als – zum Beispiel – meinen Bruder. Und das führte zu einer großen, tiefen Unzufriedenheit. Zu einer Gereiztheit. Weit weg vom „genug haben" und „genug sein".

Nun bekennen wir Jesus Christus laut Jesaja 9,5 als: „Wunder-Rat, Gott-Held, Ewig-Vater, Friede-Fürst". Friede-Fürst heißt auf Hebräisch שר שלום „Zar-Shalom". שר, gesprochen „sar" meint denjenigen, der in diesem Bereich, in diesem Metier (Frieden), der Größte, der Beste, der „Experte" ist. Wenn es um Frieden geht, dann muss es um Christus gehen. Shalom kann nur er machen. Das heißt: Er kann das Gefühl nehmen „Ich komme zu kurz“. Er allein kann das Herz anrühren, das immer klagt und schreit: „Ich habe zu wenig!“, „Warum trifft es immer mich?“, „Warum haben die anderen mehr und können so viel, was ich nicht kann.“ Der Friedefürst erneuert das Denken, das Fühlen, das Herz und alle Sinne, so dass die Gesinnung eines David in mir einzieht: „Der Herr ist mein Hirte, mir wird nichts mangeln.“ (Psalm 23,1)

Ich kenne so viele Menschen, denen es an vielem mangelt: Gesundheit, Geld, Klugheit, Schulabschluss, Bildung, Chancen usw. Und dennoch machen sie einen zutiefst zufriedenen Eindruck und bekennen immer wieder: „Ich habe nicht alles, ich kann nicht alles, aber: Der Herr ist mein Hirte! Mir wird nichts mangeln.“ Und so begnügen sie sich, weil sie wissen: Bei meinem Herrn und Meister komme ich nicht zu kurz!

Ja, Christus ist unser Friede, unser Shalom, שלם s-l-m, unser שר שלום, der Friedefürst! Der Garant und die Garantie, dass wir bei und mit ihm nicht zu kurz kommen!

לחם

l-h-m *lächäm*

Kampf ums Überleben

Bethlehem hat große Bedeutung für die Israeliten, weil es der Überlieferung nach der Geburtsort König Davids sein soll. Für die Christen in der ganzen Welt ist die Stadt von besonderer Bedeutung, weil auch Jesus Christus dort geboren wurde. Sowohl David als auch Jesus: geboren im „Brothaus“, denn das ist die Übersetzung von Bethlehem: Beth/Bajit: „das Haus“ und „lächäm“: „das Brot“. Geboren dort, wo es Brot gibt.

Aber: Die Juden haben genau beobachtet und ihre eigene Geschichte reflektiert. Immer war es so: Wer Brot möchte, der braucht Acker, um Getreide anzubauen. Der braucht Land. Und Land muss man kaufen – oder aber erobern. Und das war bei den Israeliten der Fall: Das gelobte Land, das Land, wo Milch und Honig fließen, das war hart umkämpft, das war zunächst besetzt und musste erobert werden. Und es war ein ständiger Kampf – bis heute –, das Land dann auch zu behalten. Deshalb heißt Betlehem auch Haus des Kampfes. לחם l-h-m bedeutet sowohl Brot als auch Kampf! Denn beides gehört zusammen. Der nackte Kampf ums Überleben und das Brot zum Überleben.

Das heißt, Jesus ist nicht nur im Brothaus, sondern vor allem auch im „Kampfhaus" geboren. Mitten in ein Überlebenskampfgebiet hinein, wo es bis heute Grabenkämpfe gibt, wo man sich gegenseitig aufs Schärfste bekriegt, um selber genug zu haben und nicht zu kurz zu kommen.

Bei den Römern stand diese kleine Provinz rund um Bethlehem nicht hoch im Kurs. Sie wussten: Hier wohnt das Gesindel. Hier wohnen die hoffnungslosen Fälle. Hier tummelten sich die Asozialen. Es war das reinste Tollhaus – ein Begriff, der in einem 1811 erschienenen Wörterbuch so definiert wird: „ein Haus, in welchem tolle, das ist des Verstandes bis zum schädlichen Toben und Wüthen beraubte Personen, eingesperret und von der menschlichen Gesellschaft abgesondert werden."

Mit starker Hand versuchten die Römer, das Tollhaus zu beherrschen. Aber sie stießen auf erbitterten Widerstand, auf ein „schädliches Toben und Wüthen" – so wie es auch der jüdisch-griechische Geschichtsschreiber und Augenzeuge Josephus Flavius im „Bellum Judaicum" beschreibt.

Es gab im damaligen Palästina wahrlich beschaulichere Orte als Bethlehem! Es gab hübsche Städte, direkt an bedeutenden Handelsstraßen. Und es gab natürlich Jerusalem, die Hauptstadt mit allem Prunk und Protz. Standesgemäß wäre es gewesen, wenn der Heiland dort zur Welt gekommen wäre. Aber nein: Er kommt dort zur Welt, wo es Menschen am nötigsten haben. Wo man sich sehnt nach einem Erlöser. Wo man sich sehnt nach einer verlässlichen Größe, die einem neuen Halt, neuen Sinn und Lebensqualität geben kann.

In Jerusalem hätte sich Jesus ins gemachte Nest legen können. In Bethlehem kommt er völlig nackt, blutbeschmiert mitten hinein in die menschliche Realität. Dort kann er am meisten verändern. Dort will er die Welt auf den Kopf stellen.

Angelius Silesius bringt Bethlehem mit unserer persönlichen Welt in Verbindung: „Und wäre Christus tausendmal in Bethlehem geboren, doch nicht in dir ... du gingest ewiglich verloren!“ Ja, in meinem persönlichen Tollhaus will Christus die Welt erobern.

Gott hat Humor und Fingerspitzenfeingefühl: Ausgerechnet im Brothaus stiftet er Heil. Weil er erkennt, was die Menschen oft aus den Augen verlieren: Brot heißt Kampf. Und umgekehrt: Ohne Mampf kein Kampf. Mehr als nach Brot sehnen sich die Menschen danach, Lebenshunger zu stillen. Seelenruhig zu werden. Zutiefst zufrieden. Christus ist das Brot des Lebens, das Lebensheißhunger stillt. Bei Christus, da ist mehr als alles, was bisher war!

Oder wie es in Johannes 6,58 heißt: „Dies ist das Brot, das vom Himmel gekommen ist. Es ist nicht wie bei den Vätern, die gegessen haben und gestorben sind. Wer dies Brot isst, der wird leben in Ewigkeit."

שבר

s-b-r *schawar*

Die Kunst des Scheiterns

Wer scheitert, hat es schwer. Er ist zum Scheitern verurteilt. Früher kam man sogar auf den Scheiterhaufen.

Das deutsche Wort für „Scheitern" hat seine etymologischen Wurzeln im Holzscheit, das für den Bau von Schiffen benutzt wurde. Wenn so ein Schiff gegen ein Hindernis manövrierte, zerbarst und sich in die Holzscheite, aus denen es gebaut war, auflöste und sank – dann „scheiterte" es. Und gescheitert war es unbrauchbar. Totalschaden.

Dieses Denken hat sich in unseren Köpfen nicht nur eingeschlichen, sondern auch hartnäckig gehalten. Wer scheitert, kommt uns oft unbrauchbar vor und bekommt keine Chance, Neues unter Beweis zu stellen. Wer scheitert, den meidet man. Man vermutet, dass er zum Scheitern verdammt und verurteilt ist.

Hebräisch denkende Menschen haben den Prozess des Scheiterns über Jahrhunderte genau beobachtet und versucht, das Geschehen beim Scheitern in einem Wort auszudrücken, bzw. zusammenzufassen: שבר s-b-r. Es drückt – wie ich finde, die Kunst des Scheiterns aus!

שבר s-b-r hat drei Bedeutungen:

1. „Zerbrechen, verwundet werden, Auflösung, Betrübung und großer Schmerz". Das ist das Scheitern, das wir im Deutschen auch kennen. Ja, Scheitern tut weh. Es ist ein Prozess, der mit viel Schmerzen und Tränen verbunden ist. Jeder, dessen Ehe gescheitert ist, weiß das. Jeder, der beruflich gescheitert ist, hat die schmerzhaften Erfahrungen in Erinnerung. Wer mit seinen Plänen gescheitert ist, weiß, wie weh das alles tun kann.

2. Aber die Juden haben genau hingeschaut, was eigentlich passiert, wenn man scheitert. Deshalb heißt שבר s-b-r im Hebräischen auch „ein Mutterleib öffnet sich und gebiert neues Leben". Die Kunst des Scheiterns ist auch ein Geburtsprozess. Durch schmerzhafte Zeiten hindurch erblickt etwas Neues das Licht der Welt. Natürlich ist so ein Geburtsprozess etwas sehr Schmerzhaftes. Aber wenn die Mama das neue Leben in den Händen hält und die Frucht des Leibes sieht, sind die Schmerzen vergessen. Deshalb ist Scheitern eine hohe Kunst: Neues Leben kann im Leben werden und entstehen!

3. Und nochmal: die Juden haben genau hingeschaut, deshalb gehört zur Kunst des Scheiterns auch das Dritte: שבר s-b-r bedeutet auch:

„Fruchtbar sein, Vorräte anlegen für eine lange Zukunft". Scheitern ist nicht nur Zugrundegehen, Zerstörung und Zerbruch. Sondern auf und durch das Zerbrochene hindurch kann neues wachsen. Der vermeintlich „verdammte" Scheiterhaufen kann ein Misthaufen sein, auf dem der Dünger entsteht für viel Frucht und Vorrat! Wer scheitert, dem steht eine reiche Ernte bevor und in Aussicht! Wer sich im Scheitern sorgt, hat am Ende „ausgesorgt", weil Vorräte da sein werden, die für eine lange Zukunft reichen!

Der Prophet Jesaja zitiert Gott in Jesaja 43,18 und 19: „Gedenkt nicht an das Frühere und achtet nicht auf das Vorige! Denn siehe, ich will ein Neues schaffen, jetzt wächst es auf, erkennt ihr's denn nicht?"

Der Tod Jesu könnte Gott auszeichnen als „Gott des Scheiterns". Für viele sah es nach einem Scheitern der Mission Gottes aus. Man hat den Sohn Gottes einfach getötet. Das Kreuz als Scheiterhaufen. Aber letzten Endes ist durch dieses Scheitern neues Leben entstanden und eine Fülle des Lebens, ein Vorrat an Lebensqualität ohne Ende!

Und dieser Jesus Christus hat es dann ja auch selbst vorgelebt, wie glücklich die sein werden, die die Kunst des Scheiterns beherrschen. Die Ehebrecherin am Brunnen vor der Stadt war gescheitert. Und wurde zu einer Verkündigerin! Der Zöllner war gescheitert und von allen verklagt als Wegelagerer und Verbündeter der Feinde. Und aus diesem wurde ein Jünger. Überhaupt ist die ganze Bibel voll von lebenden Beispielen, die gescheitert sind: David, Hiob, Petrus, Paulus. An allen kann man sehen, wie schwer Scheitern ist, welch schmerzhafter Prozess es ist und wie dann doch wundersam neues Leben entsteht und Vorräte für eine lange Zukunft! Alle Gescheiterten wurden und werden zu „History-Makern“ – Menschen, die Geschichte schreiben –, die Spuren des Segens hinterlassen.

Ich möchte mir angewöhnen, jedem, der scheitert, einen roten Teppich auszulegen – auch und vor allem in der Gemeinde! Ihn nicht nur zu bedauern, ihn schon gar nicht zu verurteilen, sondern ihm Geburtshelfer zu sein und ihm den Weg zur Scheune zu zeigen!

חסד

h-s-d 🔊 *chäsäd*

Warum der Storch die Kinder bringt

Da steht er mitten in Nachbars Garten: ein zwei Meter großer Storch aus Spanplatten mit Füßen aus einem Metallgestell. Schön bemalt und aus dem Schnabel hängen Windeln und ein rosa Strampler. Aha! Jeder weiß Bescheid, steht ja auch auf dem Bauch des Storches: Elvira ist geboren. Am 23.05. um 12.03 Uhr, 4076 Gramm. Klar, der Storch verräts, der Storch weiß Bescheid. Schließlich bringt der Storch ja die Kinder!

Wissen Sie, warum bei uns der Storch die Kinder bringt und nicht das Kamel, ein Adler oder ein Esel? Wir haben es den Juden zu verdanken!

Storch heißt auf Hebräisch חסידה „chasida". Nun hat das Wort „chasida" die gleichen Wurzeln wie das Wort für Gnade, Gunst, Liebe und Treue, nämlich חסד h-s-d, vokalisiert und ausgesprochen „chäsäd".

Wenn ich dieses Wort חסד h-s-d höre, läuten alle Glocken in meinem Herzen vor Freude! Denn: חסד h-s-d wird immer auf Gott hin angewandt. Die Güte, Treue, Gnade Gottes. Absolut zuverlässig und fürsorgend. Über diese חסד h-s-d, heißt es in Klagelieder 3,22-25: „Die חסד h-s-d des Herrn hat kein Ende, sein Erbarmen hört niemals auf, es ist jeden Morgen neu! Groß ist deine Treue, o Herr! Darum setze ich meine Hoffnung auf ihn, der Herr ist alles, was ich brauche. Denn der Herr ist gut zu dem, der ihm vertraut und ihn von ganzem Herzen sucht."

Nun bringen also die Störche die Kinder und werden mit der gleichen Wortwurzel benannt, wie die Treue, Güte und Liebe Gottes. Welche Zusammenhänge haben die hebräischen Menschen entdeckt?

Der Storch wird seit Menschengedenken in der alten Welt gepriesen wegen seiner Fürsorglichkeit gegenüber seinen Jungen. (Im Gegensatz zu den Straußenweibchen – die gewalttätig sind.)

Und die Juden haben beobachtet und verglichen: In ihrem Land gibt es ja mannigfaltige Tiere. Und wenn man genau hinschaut, geht kein Tier so liebevoll mit seinem Nachwuchs um, wie Störche mit ihren kleinen Kindern umgehen: in absoluter Treue, mit hingebungsvoller Liebe und stets aufopferungsbereit. Höchste Kunst der Brutpflege! So kam es, dass חסד h-s-d, das hebräische Wort für Treue, zugleich Storch heißt.

Das Volk Israel verstand sich von Anfang an als Brut Gottes. Als Kinder Gottes. (Vergleiche 2. Mose 4,22: „So spricht der Herr: ‚Israel ist mein erstgeborener Sohn.'") Schon in 5. Mose 32,6 wird Gott als Vater bezeichnet: „Dankst du so dem Herrn, deinem Gott, du tolles und törichtes Volk? Ist er nicht ein Vater und dein Herr?". Es gab ein liturgisches Gebet in einem Ritual, das bei Jeremia 3,4 überliefert ist: „Lieber Vater, du Vertrauter meiner Jugend." In Jesaja 66,13 wird auch die „mütterliche Brutpflege" Gottes wunderbar beschrieben: „Ich will euch trösten, wie einen seine Mutter tröstet."

Auch wenn die Kinder Gottes gegenüber väterlicher und mütterlicher Brutpflege immer wieder aufmüpfig waren, wie pubertierende Heranwachsende, so war unwidersprochen klar: Gott kümmert sich um uns in unendlicher Liebe, Treue und Geduld! Vergleichbar damit, wie der Storch sich einzigartig um seinen Nachwuchs kümmert.

Durch Paulus und seine Reflexion dieser Liebe Gottes, dürfen wir uns im Vertrauen auf Christus als „Kinder Gottes" bezeichnen und erleben. Wir dürfen liebevoll und inbrünstig sagen: „Abba, lieber Vater!" Und somit in die himmlische Brutpflege Gottes, unseres Vaters kommen. Brutpflege ist in der Schöpfung bei Menschen und Tieren die höchste Kunst der elterlichen Zuwendung und Fürsorge, die sofort bei Geburt ausgelöst wird! Zur Brutpflege gehört das Bereitstellen eines sicheren Lebensraumes, das Versorgen mit Überlebensnotwendigem und die Erziehung!

Wenn also die Nachbarn einen Storch im Garten aufstellen und damit anzeigen, dass Nachwuchs kommt – suchen wir das Gespräch und erklären, was es damit eigentlich auf sich hat. Und wer für uns der Inbegriff von Treue und Güte ist, weil wir erlebt haben, wie treu sich Gott um uns kümmert, seine Lieblingskinder, und wie aufopferungsvoll er sich einsetzt, wie gnädig, gütig, barmherzig er ist, auch wenn wir uns manchmal irren und denken, dass noch der Storch die Kinder bringt!

(Mehr zu חסד h-s-d, vergleiche Kapitel „Liebe, Schmach und Schande“ auf Seite 98)

קרץ

ḳ-r-s qaraz (Verb) / qäräz (Nomen)

Reizende Begegnungen

Beim Entstehen des Buches wurde ich von einer Krankenschwester – weil sie Wort-Herleitungen liebt – gefragt, ob ich wüsste, woher das Wort „Brombeere“ komme. Als qualifizierte Krankenschwester klärte sie mich auf über das enthaltene Brom und die beruhigende Wirkung. Ob das sprachgeschichtlich richtig ist, kann ich nicht beurteilen.

Ich fragte sie, ob sie auch eine Verbindung zur hebräischen Sprache kenne. Brombeeren kennt man regional auch als „Kratzbeeren“. Genauer gesagt, ist die „Kratzbeere“ (auch „Ackerbrombeere“) eine Verwandte der Brombeere. Und dazu fällt mir Folgendes ein:

In der Einheitsübersetzung lesen wir in Jeremia 46,20: „Eine stattliche Jungkuh ist Ägypten, eine Bremse von Norden stürzt sich auf sie.“ In der aktuellen Luther-Übersetzung von 2017 ist von einer Hornisse die Rede, in anderen von Stechfliegen. Eine alte Übersetzung sprach drastisch gar vom „Schlächter“. Gemeint ist in jedem Fall etwas ganz Kleines, aber sehr, sehr Lästiges.

Im hebräischen Urtext steht für Bremse hier: קרץ k-r-s. Vokalisiert als Nomen und ausgesprochen „qäräz“. Diese kleinen, unangenehmen Biester, die vor allem Pferde verrückt machen, aber auch Kühe quälen.

קרץ k-r-s bedeutet als Verb „kneifen, stechen“. Wer von einer Bremse gestochen wird, der muss kratzen, weil es unendlich und unangenehm juckt. Bremsen in der Nähe sind Grund genug, das Weite zu suchen. קרץ k-r-s lässt sofort an das deutsche Wort „kratzen“ denken, oder auch an „Krätze“ – eine üble Hautkrankheit, verbunden mit enormem Juckreiz.

Im übertragenen Sinne „stechend“ ist es auch, wenn man verspottet wird. Deshalb bedeutet קרץ k-r-s eben auch „spotten, verhöhnen, die Augen zusammenkneifen“. Denn Spötter zwinkern sich zu, vgl. Sprüche 6,13 oder Psalm 35,19: „Lass sich nicht über mich freuen, die mir zu Unrecht feind sind; lass nicht mit den Augen spotten, die mich ohne Grund hassen!“ David treibt der Hohn der anderen ins Gebet: „Herr, du hast es gesehen, schweige nicht; Herr, sei nicht ferne von mir! Wache auf, werde wach, mir Recht zu schaffen und meine Sache zu führen, mein Gott und Herr!“

Bremsen machen Pferde scheu. Bringen Pferde in Bewegung. Auch uns bringt vieles in Bewegung. Sticht auf uns ein. Menschen, die uns verachten, verspotten, verhöhnen. Menschen, die uns klein machen, demütigen. Ja, wir gehen dann sogar „scheu“ durch die Welt, „menschenscheu“, voller Furcht. Alles in allem: Dieses Gestochenwerden tut uns nicht gut.

Vielleicht bringt uns der nächste „Juckreiz“, das nächste „Angestachelt-Werden“ dazu, an קרץ k-r-s zu denken, an das Stechen, den Spott, aber vor allem an die Hilfe, auf die David hinweist.

So viele Dinge aus unserem Leben und ihre Zusammenhänge werden in der Tora schon längst thematisiert. Und gerade im Gespräch mit anderen können solche „tierischen“ Herleitungen und Überleitungen auch manch oberflächliches Gespräch vertiefen und auf die Bibel lenken. Und spätestens bei der nächsten Mückenattacke, beim Grillen oder im Strandbad sollten wir die Brücke zur „qäräz“ bekommen!

Es bleibt die Einsicht: Der Feind steckt im Kleinen, nicht unbedingt im Großen!

Aber auch: Es „juckt mich nicht“! Weil sich die stärkste Macht der Welt für unsere Sache stark macht!

ברא

b-r-ʾ ***bara***

Wie aus dem Nichts!

Die Tora beginnt mit den Worten: „bereschid bara elohim". Martin Luther hat es übersetzt mit: „Am Anfang schuf Gott." Zwischen dem hebräischen Wort ברא b-r-ʾ und der deutschen Übersetzung „schaffen" besteht jedoch ein großer Unterschied.

In der deutschen Sprache wird das Wort „schaffen" meist für menschliches Tun eingesetzt, etwa in der Kunst oder bei einem Bauwerk. Etwas aus eigener Kraft beginnen und aus Vorhandenem etwas hinbekommen, etwas schaffen. Vor allem wir Schwaben kennen uns damit aus. Spätestens seit dem Song von Ralf Bendix: „Schaffe, schaffe, Häusle baue. Und net nach de Mädle schaue. Und wenn unser Häusle steht. Da gibts noch keine Ruh. Denn dann sparen wir, dann sparen wir. Für ne Ziege und ne Kuh." In ihrem Selbstverständnis sind Schwaben die Schaffer. Es gibt kaum etwas, was man nicht schafft! Nach dem Motto: „Respekt, wer's selber macht!"

Die Tätigkeit ברא b-r-ʾ kann nur Gott ausführen. Das hebräische Wort für schaffen, ברא b-r-ʾ, ist das göttliche Schaffen und Schöpfen aus dem Nichts! Am Anfang schuf Gott Himmel und Erde.

Da war nichts da. Keine Erde, kein Schlamm, kein Staub, kein Mörtel, keine Steine. Nichts! Er schuf „wie aus dem Nichts“! ברא b-r-ʾ beschreibt Gottes außerordentliches, souveränes, müheloses, freies, ungebundenes Schaffen!

Auch wenn wir uns rühmen, als Genies und echte „Käpsele“ (schwäbisch für „cleverer Mensch“), als Stehaufmännchen immer wieder etwas hinbekommen, selbst aus Trümmern etwas wieder aufgebaut zu haben, aus wenigem viel, aus fast nichts ein wenig und oft bei vermeintlich Null anfangen mussten – so war doch immer irgendwas da: Reste, Trümmer, Ruinen, Rohmaterial, Grund und Boden.

Gott allein kann schaffen, wo wirklich nichts ist. Zur rechten Zeit. Wenn es für uns dran ist, wenn es für uns von Wert und Bedeutung ist. Spätestens rechtzeitig schafft Gott!

Ein Rabbiner lehrte seine Jünger Folgendes:

„Ich weiß, ihr müsst ein Flugzeug erreichen. Vielleicht müsst ihr noch Koffer packen und euch verabschieden. Aber es wird gelehrt, dass Gott die Welt in jeder Mikrosekunde neu erschafft. Denkt daran: Die El-Al-Maschine, die euch ins Heilige Land bringt, ist noch gar nicht erschaffen! Der Flughafen, auf dem ihr in weniger als einer Stunde sein müsst, existiert noch nicht. Sobald er für euch nützlich ist, wird Gott ihn für euch erschaffen. Einen Augenblick vorher existiert er für euch nicht. Dieser Moment hat seinen eigenen Zweck. Nutzt ihn voll und ganz.“ [1]

Könnte das zu einem wunderbaren, biblischen Lebensstil führen? Zu einem neuen Umgang mit der Zeit? Wir können unsere Tages- und Nachtzeiten nicht verlängern, aber wir können unsere Zeiten optimal nutzen, indem wir jedes Momentum als eigene Welt betrachten. Wenn wir eine Stunde, einen Tag, eine Minute einer Tätigkeit widmen, müssen wir in dieser Zeit und Arbeit ganz aufgehen, als gäbe es nichts anderes auf der Welt.

Endlich im „Hier und Jetzt“ leben, sich nicht ständig um nachher, später, übermorgen und Zukünftiges sorgen! Gott wird das Brot, den Lohn, den Menschen, den oder das, was wir brauchen, zum richtigen Zeitpunkt „bara“ – erschaffen! Wie aus dem Nichts! Gott schafft spätestens rechtzeitig im richtigen Moment!

Das könnte auch eine praktische Hilfe sein, um umzusetzen, was Salomo in Prediger 3,1-11 schreibt: „Ein Jegliches hat seine Zeit und alles Vorhaben unter dem Himmel hat seine Stunde! (...) Er hat alles schön gemacht zu seiner Zeit!“

Auch das führt zu einem wunderbaren Lebensstil: Gelassenheit, abwarten, geduldig sein. Sich nicht jagen lassen, sich nicht aufreiben und treiben lassen, vor nichts flüchten und nichts voreilig überstürzen.

---

1 Nach https://de.chabad.org/library/article_cdo/aid/462908/jewish/Umgang-mit-der-Zeit.htm

ברא

b-r-ʾ bara

Hauptsache gesund!

„Am Anfang schuf Gott Himmel und Erde." (1. Mose 1,1) So kennen wir den Beginn unserer Bibel. So lautet der Anfang der Tora! Auf Hebräisch hört sich das folgendermaßen an: בְּרֵאשִׁית בָּרָא אֱלֹהִים אֵת הַשָּׁמַיִם וְאֵת הָאָרֶץ „bereschid bara elohim et haschamajim we et haaräz". (Schamaijm = Himmel, ist übrigens ein sogenannter „Flächenplural". Er schuf eine Vielzahl von Himmel! Nicht nur den, den wir vor Augen haben!)

In den ersten beiden Worten der Tora sind jeweils die gleichen drei Buchstaben enthalten: ברא b-r-ʾ. Diese drei bilden die Wurzel des Wortes „gesund", „Gesundheit". Man könnte also die beiden ersten Worte der Tora übersetzen mit „gesund, gesund!" oder „Gesundheit, Gesundheit".

Dazu muss man wissen: Das erste Wort eines hebräischen Textes fasst quasi den Inhalt zusammen und gibt die Intention dessen wieder, was im Buch zu erwarten ist. Das erste Wort ist wie eine Übersicht, wie eine Zusammenfassung, ein Leitfaden. Es signalisiert, unter welchem Aspekt man das Folgende zu lesen und zu verstehen hat.

Das heißt, alle Gesetze aus den Büchern Mose, die uns oft willkürlich vorschriftenmäßig und „gebotslastig“ vorkommen, sind unter dem Aspekt der Gesundheit, des Gesundwerdens zu verstehen: Das Gesetz über Speiseopfer, Schuldopfer, Speisegebote, Reinheitsgebote, Fremdlingsgebote, Gesetz über reine und unreine Tiere, Gesetz für Wöchnerinnen, Gesetz für Aussatz und Aussätzige, Gesetze zur Heiligung des täglichen Lebens, Verbot geschlechtlicher Verirrungen, Gesetz über Sabbatjahr und Erlassjahr usw.

Aber auch alle Propheten, Psalmen, Sprüche stehen unter dem großen Thema ברא b-r-ʾ, „Gesundheit“, „gesunden“, „heil werden“! „Bara“ ist die Wurzel vom Wort gesund oder heil. Gott wird „bore“ genannt, der Heilende, die Gesundheit heißt „briut“, die Schöpfung „bria“. „Gesund“ heißt im modernen Hebräisch, dem sogenannten Ivrit, bis heute בריא, gesprochen „barie“.

Gott selbst bringt das Halten der Gebote und seine heilige, heilende Pflicht zusammen in 2. Mose 15,26: „Wirst du der Stimme des Herrn, deines Gottes gehorchen und tun, was recht ist vor ihm, und merken auf seine Gebote und halten alle seine Gesetze, so will ich dir keine der Krankheiten auferlegen, die ich den Ägyptern auferlegt habe; denn ich bin der Herr, dein Arzt.“

Dem Arzt ist an der Gesundheit gelegen. Schon von Anfang an heilte, gesundete Gott das Tohuwabohu. Als die Erde wüst und leer war, begann er, durch seinen Geist zu heilen. Und Gott sah, dass es gut war, heil. Unheil hingegen ist ihm fern. Aber Unheil kam durch menschliches „Schaffen“ in die Welt. Und in und trotz allem Unheil lässt sich Gott nicht abhalten, unser Heilwerden und Heilsein im Blick zu behalten.

Ja, dafür hat er sogar den Heiland ins Land geschickt. Simeon war einer der ersten, die ihn gesehen haben: „Meine Augen haben deinen Heiland gesehen, den du bereitet hast vor allen Völkern.“ (Lukas 2,30-31) Und Simeon hat lange sehnsüchtig auf diesen Heiland gewartet, weil er sein ganzes Leben lang nur mit Unheil konfrontiert war. Und am Ende fast resigniert hatte. Aber Gott will Heil. Nicht Unheil. Nie wollte er bestrafen, züchtigen, unterdrücken. Immer wollte er aufrichten und herrichten.

Auch Jesus ging es um nichts anderes als das Heilmachen, das Heilbringen. So viel war im Leben der Ehebrecherin heilloses Unheil. Großes Tohuwabohu. Und der Heiland heilte! Wie er den Blinden heilte. Den Lahmen. Den Aussätzigen. Den Besessenen. Er heilte viele. Nicht alle. Weil alle erkennen sollten: Wer an ihn glaubt, der hat schon das Heil. Der ist schon heil. Und dieses Heil ist heilvoller als die Freiheit von furchtbaren Diagnosen, Wunden, Schmerzen, Entbehrungen, Leiden. Aber auch in all diesen Tragödien und Strapazen dürfen wir wissen:

„Fürwahr, er trug unsre Krankheit und lud auf sich unsere Schmerzen. Wir aber hielten ihn für den, der geplagt und von Gott geschlagen und gemartert wäre. Aber er ist um unserer Missetat willen verwundet und um unsrer Sünde willen zerschlagen. Die Strafe liegt auf ihm, auf dass wir Frieden hätten, und durch seine Wunden sind wir geheilt.“ (Jesaja 53,4-5)

בראשית ברא

b-r-ʾ-s-t b-r-ʾ *bereschid bara*

Aller Anfang mit Gott

בְּרֵאשִׁית בָּרָא אֱלֹהִים אֵת הַשָּׁמַיִם וְאֵת הָאָרֶץ „bereschid bara elohim et haschamajim we et haaräz“

1. Mose 1,1 wird von Martin Luther übersetzt mit „Am Anfang schuf Gott Himmel und Erde.“ Und dann erfährt man, dass in 6 Tagen Gott alles erschuf: Licht, Wasser, Festland, Gras, Kraut, Bäume, Sterne, Tiere und Menschen.

Aber wir wissen aus Psalm 90,4: „Denn tausend Jahre sind vor dir wie der Tag, der gestern vergangen ist und wie eine Nachtwache.“

Unter anderem diese Vorstellung aus diesem Psalm führte dazu, dass man heute im Judentum (und im Islam) davon ausgeht, die Erde sei vor ca. 6.000 Jahren erschaffen worden. Der Astronom Johannes Kepler (1571 - 1630) ermittelt das Jahr 3992 vor Christus als Schöpfungsjahr.

Aus dieser Berechnung haben sich viele Fragen ergeben, die heftig kontrovers diskutiert wurden und werden. Zwischen Kreationisten, Evolutionisten, zwischen Naturwissenschaft und Vernunft, aber auch zwischen liberalen und konservativen Theologen aller Religionen.

Was macht es nun den Juden leicht, tatsächlich an den Schöpfungsbericht in 1. Mose zu glauben, bzw. ihm zu vertrauen und ihn nicht in Frage zu stellen?

Im Tora-Unterricht lernt man, dass die kleine Silbe ב „be" von בראשית „b-r-ᵓ-s-t" genau übersetzt werden muss mit: „im Bereich des Anfangs". Diesen Bereich kann man sich vorstellen wie ein zeitlich unbegrenztes Gebiet, wie einen endlosen Raum, wie einen unaufhörlichen Wirkungskreis oder ein ausgedehntes Territorium.

Die Zeit – wie wir sie heute kennen – gab es „zu dieser Zeit" ja noch gar nicht. Die Zeit und die Zeiten wurden erst am 4. Tag erschaffen (1. Mose 1,14): „Und Gott sprach: Es werden Lichter an der Feste des Himmels, die da scheiden Tag und Nacht und geben Zeichen, Zeiten, Tage und Jahre."

„Der Bereich des Anfangs" – Gott hat endlos, grenzenlos Raum, Weite und Zeit! „Eins aber sei euch nicht verborgen, ihr Lieben, dass ein Tag vor dem Herrn wie tausend Jahre ist und tausend Jahre wie ein Tag." (2. Petrus 2,8) Und dass er sich viel Zeit genommen hat, beweist, dass er mit großer Leidenschaft alles perfekt gemacht hat – für uns! Er hat sich viel Zeit genommen, um seine Idee zu verwirklichen: ein Paradies für seine Menschenkinder!

Mich hat dieses Aha-Erlebnis beschämt. Ich habe davon erst im zarten Alter von 52 Jahren gehört. Natürlich von einer Rabbinerin! Aber in diesem Moment des Lernens haben sich so viele ungelöste Fragen geklärt. So viele Probleme haben sich plötzlich relativiert oder sogar in Luft aufgelöst. Kann es sein, dass sich viel von dem, was wir an Widersprüchen meinen in der Bibel zu entdecken, glättet, wenn wir die Bibel aus den Augen der hebräisch denkenden Menschen anfangen zu lesen und zu verstehen? Je länger ich darüber nachdenke, desto mehr muss ich sagen: ja!

Bei Juden wäre eine historisch-kritische Bibelwissenschaft, wie wir sie in unserer Theologie haben, undenkbar. In meinem Theologiestudium habe ich lernen müssen, was z. B. vom Propheten Jesaja alles als echt oder unecht anzunehmen ist. Viel an guten Worten flog ersatzlos raus.

Jüdisches und jesuanisches Denken ist klar: „Wahrlich, ich sage euch: Bis Himmel und Erde vergehen, wird nicht vergehen der kleinste Buchstabe noch ein Tüpfelchen vom Gesetz, bis es alles geschieht. Wer nun eines von diesen kleinsten Geboten auflöst und lehrt die Leute so, der wird der Kleinste heißen im Himmelreich; wer es aber tut und lehrt, der wird groß heißen im Himmelreich." (Matthäus 5,18-19) Jesus zitiert aus 5. Mose 13,1: „Alles, was ich euch gebiete, das sollt ihr halten und danach tun. Ihr sollt nichts dazutun und nichts davon tun." (Vgl. auch 5. Mose 4,2) Verständlich, denn warum soll die tägliche Dosis, die zur Gesundheit verschrieben wurde (vgl. vorangegangenes Kapitel), verringert werden?

Wenn vermeintlich Unbequemes in der Bibel, Widersprüchliches, Unlogisches, Paradoxes dem Rotstift oder gar dem theologischen Schredder zum Opfer fällt, werden die Fragen überhandnehmen, die Zweifel heftiger und die Probleme größer. Mir persönlich wurde an diesem Aha-Erlebnis, dieser kleinen Silbe ב „be" – die ich kannte, aber falsch interpretiert hatte – bewusst, dass ich in Gottes Wort kindliches Vertrauen haben darf. Die Tora beginnt mit der Silbe ב „be" und für alles darin gilt eine große Weite.

קדש

k-d-s *kadasch*

Hure und Heilige

Es ist ein kurzer Weg, von der Hure zur Heiligen zu werden, von der männlichen Hure zum Heiligen. Ebenso ist es ein kurzer Weg, von einem Heiligen zur männlichen Hure, von der Heiligen zur Hure zu werden. Das zumindest wissen die hebräisch denkenden Menschen. Prostitution ist das Sinnbild der „Entheiligung“, der „Entweihung“. „Prostitution“, von lateinisch „prostituere“ „nach vorn/zur Schau stellen, preisgeben“, ist nicht nur auf dem Bereich sexueller Handlungen in Israels Geschichte mit Gott immer wieder zu beobachten:

„An jeder Straßenecke bautest du dein Hurenlager und machtest deine Schönheit zum Abscheu. Du spreiztest deine Beine für alle, die vorübergingen, und triebst viel Hurerei. Zuerst triebst du Hurerei mit den Ägyptern, deinen Nachbarn voller Geilheit und triebst viel Hurerei, um mich zu reizen. Ich aber streckte meine Hand aus gegen dich und entzog dir einen Teil meiner Gaben und gab dich preis der Willkür deiner Feinde, der Töchter der Philister, die sich schämten über dein schamloses Treiben. Danach triebst du Hurerei mit den Assyrern, weil du nicht satt geworden warst; du triebst mit ihnen Hurerei und wurdest auch hier nicht satt.“ (Hesekiel 16,25-28) Hier geht es um Hurerei in allen Variationen: Gott gegen Götzenbilder eingetauscht, Gesetze preisgegeben für sittlichen Verfall, Abmachungen preisgegeben: falschen Handel „getrieben“, verbotene Bündnisse eingegangen usw. Hält Gott an (s)einer Hure fest?

Zunächst aber eine kleine Reflektion über unsere deutsche Sprache und damit auch über unsere Denke! Es ist doch so: Unsere Sprache verrät uns! Wenn jemand straffällig wird, ist er ein Straffälliger. Wenn einer verurteilt wird, ist er ein Vorbestrafter. Wenn einer versagt, ist er ein Versager. Wenn jemand Geld schuldet, ist er ein Schuldner. Wenn einem etwas gelingt, wird man Held genannt. Wenn man etwas zwischen den Ohren hat, ist man ein Gelehrter. Hat einer nichts zwischen den Ohren, ist er ein Dummer, ein Fauler oder ein Tunichtgut und Taugenichts. Und manchmal nehmen wir das, was wir tun, sogar zum Namen an und benennen die, die Blumen pflanzt, „Frau Gärtner“, das Talent „Herr Dr. Meister“, den, der Korn verarbeitet „Herr Müller“, usw. Wir sind, was wir tun. „Sind wir, was immer wir tun?“, sagte schon Aristoteles. Und im Umkehrschluss heißt es: Nomen est omen.

Im Hebräischen gibt es ein anderes Denken. An vielen Beispielen wird es deutlich, jedoch an Folgendem auf berührende Weise. Es gibt das Wort

קדש kadasch. Das Wort bedeutet „rein“, „heilig“. Bezeichnet wird damit ein heiliger Krieger, das Heiligtum, aber auch Gott, der sich heilig erweist. Bei exakt demselben Wort, wird, mit einer winzig kleinen, fast unsichtbaren Veränderung, aus „heilig“, die Hure: Eben war sie noch die Kedoscha (die Heilige) und jetzt die Kedescha (die Hure) oder der Kadesch (die männliche Hure).

Da wird mit einem Wort wieder ein Prozess beschrieben, der wie Zahnrädchen ineinandergreift. So schnell werden aus Heiligen Huren. Aus Heiligtuern Hurensöhne. Aus Gottheiten gefallene Götzen. Aus Helden verachtete Drückeberger, Angsthasen und Schwächlinge.

Und umgekehrt genauso – jedenfalls beschreiben das viele biblische Geschichten: Aus Huren können Heilige werden. Nichts ist unmöglich!

Interessant aber ist folgender Gedanke: Das Wort für Hure und Heilig besteht aus ein und derselben Wurzel: קדש k-d-s. Und diese Wurzel ist nicht veränderbar. Was verändert wird, ist ein kleiner Vokal. Kaum sichtbar. Kaum bemerkbar. Aber die Wurzel bleibt! Die früheste etymologische Bedeutung von dieser Wurzel קדש k-d-s ist „heilig“. Das heißt, das Heilige bleibt auch in der Hure erhalten. Da ist ein Wert in ihr, der durch nichts verändert werden kann. Wenn eine Heilige zur Hure wurde, wurde ein kleiner Vokal verändert. Aber nicht das Große und Ganze! Den Wert, die Würde, die Gott in jeden von uns gelegt hat, kann durch nichts geraubt und entstellt werden. Nein! Wir werden durch Hurerei nicht zur Hure, sondern bleiben vor Gottes Augen heilige Geschöpfe mit heiligem Wert!

Wer als Heilige zur Hure wird, kann als Hure eine Heilige werden. Luft nach oben ist immer! „Wisst ihr nicht, dass ihr die Heiligen und Auserwählten Gottes seid? Lasst euch ermutigen!“ Wir sind nicht, was wir tun, sondern wir sind und bleiben, was Gott in uns gelegt hat, und wie er uns in aller Treue sieht!

Übrigens: Etwas geheiligt wurde im Alten Testament wie im ganzen Alten Orient durch „Blutbesprengung“. Ich denke an Nikolaus Ludwig Graf von Zinzendorf (1700 - 1760). Seine „Blutlehre“ hat er in einem Erlösungslied zum Ausdruck gebracht: „Christi Blut und Gerechtigkeit, das ist mein Schmuck und Ehrenkleid. (...) Drum soll auch dieses Blut allein, mein Trost und meine Hoffnung sein (...) ich will die Gnad in Jesu Blut bezeugen mit getrostem Mut.“

Besprengt mit dem Blut Jesu, dürfen wir uns an unsere Wurzel erinnern: „...nachdem wir jetzt durch sein Blut gerecht geworden sind!“ (Römer 5,9) Alle Türen stehen offen, durch die Huren als Heilige eintreten dürfen: „Weil wir denn nun, liebe Brüder, durch das Blut Jesu die Freiheit haben zum Eingang in das Heiligtum (...).“ (Hebräer 10,19)

Beten wir mit Psalm 139,14-16: „Ich danke dir dafür, dass ich wunderbar gemacht bin; wunderbar sind deine Werke; das erkennt meine Seele. Es war dir mein Gebein nicht verborgen, da ich im Verborgenen gemacht wurde, da ich gebildet wurde unten in der Erde. Deine Augen sahen mich, da ich noch nicht bereitet war, und alle Tage waren in dein Buch geschrieben, die noch werden sollten und von denen keiner da war."

בגד

b-g-d ***bägäd***

Wenn man etwas zu verbergen hat

Kleider machen Leute, oder? Oder brauchen Leute Kleider, weil sie etwas zu verbergen haben? Im Alten Testament, als Gott noch selbst Maß nahm, da lesen wir: „Und Gott der Herr machte Adam und seinem Weibe Röcke von Fellen und zog sie ihnen an." (1. Mose 3,21) Warum brauchte es Kleider? Weil es etwas zu verbergen gab. Schließlich wurde man sich bewusst, dass man nackt war. Aber statt der zunächst selbst gepflückten Feigenblätter gab es jetzt Tierpelz – hielt besser warm. Gott sorgt sich auch um seine Nackedeis!

Interessant ist das hebräische Wort für Kleid בגד beged. Die Wurzel des Wortes sind die 3 Konsonanten בגד b-g-d. Wenn man die Vokale verändert, wird aus בגד beged das Wort בגד bigud. Und בגד bigud ist im hebräischen „der Betrug". Betrug wie: Untreue, Abfall, treulos, heimtückisch handeln, misshandeln, rauben.

Das jüdische Denken geht davon aus, dass da ein innerer Zusammenhang besteht: Wer betrogen hat, hat etwas zu verbergen. Und was man verbergen will, bedeckt man – wie man auch mit einem Kleid etwas bedeckt.

Von klein auf haben wir mit Scham und Schande zu kämpfen. Wenn uns etwas nicht gelungen ist, schämen wir uns. Wenn wir großen Mist gebaut haben, kommt Schande über uns. Wenn wir schuldig geworden sind, ertappt und erwischt wurden, macht sich das Schamgefühl breit. Wir wollen eigentlich im Erdboden versinken. Oder zumindest alles wie unter einen Teppich kehren. Alles Synonyme dafür, dass wir das Getane und uns und alles am liebsten verbergen, vertuschen, verstecken, verheimlichen möchten. David wollte seine überaus große Schuld, als er mit Batseba in flagranti erwischt wurde, auch verdrängen. (2. Samuel 11)

Dieses Bedecken, dieses Verschweigen und Verdrängen von Betrug und Schuld, führt bei David in Psalm 32,3 zu folgendem Gebet: „Da ich es wollte verschweigen, verschmachteten meine Gebeine durch mein tägliches Klagen."

Ein Kleid am Körper als Festtagskleid mag eine Zier sein. Ein Kleid über der Seele und dem Herzen, um damit etwas zu verschleiern, zu verbergen, zu verstecken: Das wird letzten Endes zum Trauerkleid.

Und das Verbergen hat David in schweres Leid und Leiden gestürzt. Niemand hält es aus, wenn zu viel bedeckt werden muss. Kein noch so elegantes Kleid kann das leisten: weder das Kleid der Arbeit, noch das Kleid von „gute Miene zum schlechten Spiel“, keine fromme Fassade, kein „Augen zu und durch“. Was bedeckt werden muss, macht krank.

David erfährt: „Wohl dem, dem die Übertretungen vergeben sind, dem die Sünde bedeckt ist! Wohl dem Menschen, dem der Herr die Schuld nicht zurechnet, in dessen Geist kein Falsch ist!“ (Psalm 32,1-2)

Wie ein Schneider nimmt der Schöpfer Maß an uns. Er will, dass das Kleid an und zu uns passt. Dass es uns ziert. Nicht, um etwas zu verbergen, sondern um etwas zu feiern. Versöhnung zu feiern. Lieblichkeit zu zeigen. Hübsch anzusehen für ihn, Gott selbst und für andere.

Beten wir mit Worten von David aus Psalm 30,11-13: „Herr, höre und sei mir gnädig! Herr, sei mein Helfer! Du hast mir meine Klage verwandelt in einen Reigen, du hast mir den Sack der Trauer, das Trauerkleid ausgezogen und mich mit einem Kleid der Freude gegürtet, dass ich dir lobsinge und nicht stille werde. Herr, mein Gott, ich will dir danken in Ewigkeit.“

ארץ

ʾ-r-s äräz

Alles dreht sich!

Die Deutschen waren bekannt als die Nation der Erfinder, der Tüftler, der Entdecker, Gründer und Forscher. In der Zwischenzeit sind wir da nicht mehr so dominant. Das Wasser abgegraben haben uns aber die jüdischen Gelehrten. Und ohne dass wir es wussten, waren sie das schon lange vor uns. Lea Fleischmann machte mich auf Folgendes aufmerksam:

„Ein sehr interessantes Wort in der Tora ist ארץ ʾ-r-s, die Erde. Im Talmud[2], der im 5. Jahrhundert abgeschlossen wurde (tausend Jahre vor Galileo), wird eine Frage gestellt, aber es gab keine Antwort. Die Frage lautet: Bewegt sich die Erde? Der Grund, weswegen die Frage gestellt wurde, war, dass im Wort ארץ ʾ-r-s, der Begriff רוץ bzw. רץ r-s, ‚raz' vorkommt und das heißt übersetzt ‚laufen'. Der Fragesteller ging davon aus, dass die Worte in der Tora eine verborgene Bedeutung haben. Als Kopernikus und Galileo herausfanden, dass sich

2 Der Talmud ist neben der Tora ein wichtiges Lehrbuch im Judentum. Vereinfacht gesagt geht es inhaltlich um die korrekte Interpretation derjenigen Gesetze, die in der Tora schriftlich überliefert wurden.

die Erde bewegt, war es für das Judentum die Bestätigung des Wort Gottes in der Tora."

Wir lesen in Psalm 19,5b-7: „Er hat der Sonne ein Zelt am Himmel gemacht; sie geht heraus wie ein Bräutigam aus seiner Kammer und freut sich wie ein Held, zu laufen die Bahn. Sie geht auf an einem Ende des Himmels und läuft (רץ r-s) um bis wieder an sein Ende, und nichts bleibt vor ihrer Glut verborgen."

Das hier verwendete Wort רץ r-s, das nun eben auch in ארץ vorkommt und beschreibt, was geschieht, heißt genau übersetzt: „eine Bahn laufen".

Wir wissen heute: Die Sonne dreht sich und hält in diesem Drehen die Erde durch Anziehungskraft an sich. Die Erde dreht sich selbst und dreht sich um die Sonne. Alles läuft! ארץ ʾ-r-s.

Wir haben uns das Leben an vielen Stellen selbst schwer gemacht. Zuviel Nachdenken hat uns nicht viel weitergebracht. Forschung und Lehre ist gut, aber viele Fragen lösen sich nicht durch wissenschaftliches Grübeln, sondern durch Rückblick und Rückbesinnung auf Gottes zuverlässige Ordnungen: In Psalm 119,160 heißt es: „Dein Wort ist nichts als Wahrheit, alle Ordnungen deiner Gerechtigkeit währen ewiglich."

Die Juden haben erkannt und sie vertrauen darauf: Gott zeigt sich nicht rätselhaft, er stellt nicht viele Fragen in den Raum und überlässt es uns, willkürliche Antworten zu finden. Er hat die Welt erschaffen mit Ausrufezeichen und weniger mit Fragezeichen. Er ist selbst ein Gott, der sich erkenntlich zeigt, nachvollziehbar. Ein Gott, der sich offenbart und sich nicht in Geheimnisvolles hüllt.

Ich habe so viele Menschen kennengelernt, die nie auf einer weiterführenden Schule waren, geschweige denn studiert haben. In manchen frommen Familien war dies verpönt. Und dennoch wurden daraus Menschen mit einer faszinierenden Bildung. Aufgrund ihrer langjährigen Bibellese, ihres fleißigen und treuen Bibelstudiums haben sie Zusammenhänge entdeckt und Horizonte erobert. Sie sind wahrhaft „systematische Denker" geworden, bei denen ich selbst lernen kann, obwohl ich einst Systematik studiert habe! Aber das ist kein Wunder! Denn:

„Der Herr gibt Weisheit, und aus seinem Munde kommt Erkenntnis und Einsicht." (Sprüche 2,6) Und: „Weisheit erwerben ist besser als Gold und Einsicht erwerben edler als Silber." (Sprüche 16,16)

Ja, die Erde dreht sich! Und schon viel länger, als es Galileo herausfand.

שרה

s-r-h 🔊 *sarah*

Kämpfen und gewinnen![3]

Die Zweite Verordnung zur Durchführung des Gesetzes über die Änderung von Familiennamen und Vornamen vom 17. August 1938 (RGBl I, 1044) zielte darauf ab, Juden anhand ihrer Vornamen kenntlich zu machen. Sofern sie nicht ohnehin bereits einen jüdischen Vornamen trugen, der „im deutschen Volk als typisch angesehen" wurde – was bei vielen nicht der Fall war –, mussten sie vom Januar 1939 an zusätzlich den Vornamen Israel oder Sara annehmen. So sollte schon auf den Ausweisen kenntlich gemacht werden, dass es sich bei den Inhabern um Juden handelte.

Wie kamen die Nazis auf die Namen Israel und Sara und welche hebräische Bedeutung haben diese Namen? Der männliche Name Israel bot sich an. Die Nazis in den Ministerien verfügten über eine gute Allgemeinbildung und aus dem Alten Testament kannten sie den Begriff „Kinder Israel" oder „Das auserwählte Volk Israel". Der Zusatzname Israel sollte die Juden nicht nur kennzeichnen, sondern zugleich verhöhnen. Er sagte deut-

3 nach Lea Fleischmann, Jerusalem, https://lf-edu.org/lea-fleischmann/

lich: „Von wegen auserwähltes Volk. Wir sind jetzt die Herrenmenschen".

Aber was bedeutet der Name Israel? In der Bibel steht (1. Mose 32,26-29): „Da rang einer (der Engel) mit ihm (mit Jakob), bis die Morgenröte anbrach. Und als er (der Engel) sah, dass er ihn nicht übermochte ... Und er (der Engel) sprach: Lass mich gehen, denn die Morgenröte bricht an. Aber Jakob antwortete: Ich lasse dich nicht, du segnest mich denn. Er (der Engel) sprach: Wie heißt du? Er antwortete: Jakob. Er sprach: Du sollst nicht mehr Jakob heißen, sondern Israel; denn du hast mit Gott und mit Menschen gekämpft und hast gewonnen."

Nach jüdischer Erklärung kämpft der Todesengel mit Jakob. Im Begriff Israel ist das hebräische Wort „lisrot" enthalten. Lisrot bedeutet „kämpfen und gewinnen". In der deutschen Sprache benötigen wir zwei Worte, denn wenn jemand kämpft, kann er entweder gewinnen oder verlieren. Der Engel gibt Jakob den Namen Israel und sagt damit: „Man kann dich nicht überwinden, du hast gewonnen, du hast gesiegt." Ohne dass sie es wussten, haben die Nazis dem jüdischen Volk die Botschaft gegeben: „Du wirst gewinnen, wir können dich nicht überwinden." Der einzelne Jude wusste nicht, ob er überleben würde, aber das Volk Israel und seine Kultur würde überleben und könnte nicht zerstört werden.

Nun benötigten die Nazis aber auch ein weibliches Pendant zu dem männlichen Namen Israel. Sie schlugen die Bibel auf und der erste bekannte weibliche Name ist Eva. Eva konnten sie nicht nehmen, denn die Mätresse von Hitler hieß Eva Braun. Der nächste bekannte weibliche Name, der in der Bibel erscheint, ist Sara, also wurde kurzerhand Sara genommen. Nun muss man wissen, dass jedes hebräische Wort eine Wurzel von drei Buchstaben hat. Die Wurzel von „lisrot“ ist „sara“. Israel und Sara sind identische Namen und beide bedeuten: Du wirst kämpfen und gewinnen[4].

Einmal mehr stimmt: „Die Ersten werden die Letzten sein.“ Diese Sprichwörter wenden sich gegen das kurzsichtige Jubelgeschrei derer, welche den Triumph schon errungen zu haben glauben, auch wenn die Sache noch gar nicht abgeschlossen ist. Das letzte Wort hat unser treuer Gott!

„Er fand ihn in der Wüste, in der dürren Einöde sah er ihn. Er umfing ihn und hatte acht auf ihn. Er behütete ihn wie seinen Augapfel. Wie ein Adler ausführt seine Jungen und über ihnen schwebt, so breitete er seine Fittiche aus und nahm ihn und trug ihn auf seinen Flügeln.“ (5. Mose 32,10-11)

---

4 שרה (s-r-h) leitet sich von שור (s-u-r) her. לִשְׂרוֹת lisrot = ringen, יִשְׂרֶה jisre = er wird ringen, vergleiche יִשְׂרָאֵל (Israel)
Vgl. Hosea 12,5 über Jakob, Stammvater und Urbild seines Volkes: „Er kämpfte mit dem Engel und siegte.“ Kämpfen und gewinnen: das ist bis heute Identität und Überzeugung, Selbstverständnis gläubiger Juden.

חכם

h-k-m *chacham*

Klug werden

„Lehre uns bedenken, dass wir sterben müssen, auf dass wir klug werden.“ (Psalm 90,12)

Als Pfarrer habe ich mich mit diesem Bibelvers schon oft beschäftigt. Jetzt hat er mich beschäftigt: Gesagt, gebetet und bedacht habe ich das schon öfters, dass ich sterben muss. Aber bin ich daraufhin auch klug geworden? Was meint klug sein? Was ist ein kluger Lebensstil?

Im hebräischen Urtext steht für „klug“ das Wort חכם ch-k-m. Wie hinter allen hebräischen Worten steckt auch hier ein interessantes Bild dahinter. Eine Beobachtung, die man in ein Wort gefasst hat.

חכם h-k-m beschreibt die Tätigkeit eines Kapitäns, der die Fähigkeit besitzt, sein Schiff sicher ans Ziel zu bringen. Den Hafen zu erreichen. Dazu muss er im Stande sein, die Dinge, mit denen er konfrontiert wird, richtig zu beurteilen. Und er muss die richtigen Mittel und Wege finden. Sprich: Er muss Entscheidungen treffen! (Mit dem gleichen Wort wird auch die Fähigkeit von Politikern angesprochen.)

Klugheit wird im Alten Testament (wie auch seiner Umwelt) als lebenspraktisches Vermögen beschrieben, als die Fähigkeit des Menschen, herausfordernde Situationen zu bewältigen und sich im Leben zurechtzufinden.

Ich persönlich habe gelernt, Entscheidungen zu treffen, und sie nicht auf die lange Bank zu schieben, nachdem ich mir konkret ein „fiktives Sterbedatum“[5] gesetzt habe. Danach hatte ich noch vier Jahre zu leben. Ich habe also „bedacht“, dass ich sterben muss. Aufgrund der begrenzten Zeit war es mir möglich, Entscheidungen zu treffen:

Was will ich in diesen 4 Jahren noch erreichen? Was ist mir wichtig, was ist mir nicht wichtig? Für wen lohnt es sich, Zeit zu investieren? Für was möchte ich mir Zeit nehmen? Bin ich am richtigen Ort? Habe ich meine Berufung gefunden und lebe sie, oder vergeude ich zu viel Lebenszeit mit Nebensächlichem, für das ich weder Gabe noch Talent habe?

Mir wurden die Entscheidungen nicht abgenommen, sie wurden mir nicht abgerungen. Sondern ich hatte die Entscheidungshoheit! Und bis heute bereue ich keine einzige Entscheidung! Mehr Zeit für das Wichtige und Wesentliche. Und damit einhergehend: loslassen von Dingen, die mir meine Zeit rauben.

---

5 Heiko Bräuning: Mein Deadline-Experiment. Haiterbach-Beihingen: cap-Verlag 2017

Der Tod – nicht als Feind des Lebens, sondern als Freund des Lebens, so wie Wolfgang Amadeus Mozart ausdrückte: „Ich für meinen Teil habe mich so eingehend mit diesem guten und treuen Freund des Menschen vertraut gemacht, dass sein Erscheinungsbild für mich nicht länger mehr etwas Beunruhigendes hat, sondern eher etwas äußerst Friedvolles und Tröstliches."

Im Mittelalter war es die Kirche, die den Tod ins Leben holte. Und das ausgehende Mittelalter war die Stunde der „Ars Moriendi", Büchlein, in denen – wie der Titel sagte – die „Kunst des Sterbens" gelehrt wurde. Dort wurde der Tod als das zentrale Geschehen im Leben dargestellt. Die „Kunst, wohl zu sterben", war in erster Linie die Anleitung zu höchster Lebenskunst, „wohl zu leben". Das letzte Kapitel des Totenbüchleins war übrigens häufig überschrieben mit „Carpe diem". Nutze den Tag! Lebe klug!

חכם h-k-m: leben und handeln wie ein Kapitän auf der Brücke seines Schiffes. Verantwortung übernehmen, Entscheidungen treffen.

Jeder von uns ist Kapitän auf seinem Schiff! Wir sind für unser Leben verantwortlich und für den Kurs, das, wohin die Reise geht! Und dabei bleibt das Gebet ein treuer Begleiter: „Lehre uns bedenken ...!". Denn auf der Brücke sind wir niemals allein! Wir haben in Christus einen treuen Wegbegleiter!

שמר

s-m-r *schamar*

Schmiere stehen

Wir haben viele Worte und Redensarten von den Juden in unseren Wortschatz übernommen: Ganove, Gauner, Bammel, kotzen, abzocken, Maloche, Meschugge, Schnorrer, Stuss, Tacheles reden usw.

Und tatsächlich auch die Redensart: „Schmiere stehen". Wir kennen das noch aus den Kindertagen: Wenn man jemand einen Streich spielt oder gar ein Gaunerstück plant, ist es immer gut, wenn einer der Gauner aufpasst, dass niemand kommt – oder umgangssprachlich: wenn jemand „Schmiere" steht. Aber Schmiere stehen hat nichts mit Fett zu tun, sondern basiert auf dem hebräischen Wort שמר s-m-r.

Die Bedeutung von שמר s-m-r lautet: bewachen, bewahren, behüten, erhalten, schützen. Gott steht Schmiere! Denn: שמר s-m-r ist ein Wort, das mit ihm in Verbindung gebracht wird.

In 1. Mose 28,15 hört Jakob von Gott: „Und siehe, ich bin mit dir und will dich behüten, wo du hinziehst." David betet: „Bewahre mich, Gott; denn ich traue auf dich!" (Psalm 16,1) oder: „Behüte mich wie einen Augapfel im Auge, beschirme mich unter dem Schatten deiner Flügel". (Psalm 17,8) Psalm 121 ist der große „Schmiere-stehen-Psalm": „Der dich behütet, schläft nicht." (Vers 3) „Der Herr behüte dich vor allem Übel. Er behüte deine Seele. Der Herr behüte deinen Ausgang und Eingang von nun an bis in Ewigkeit." (Vers 7-8) Häufig wird das Wort „schmira" (schamar) auch für die Tätigkeit des guten Hirten genommen, der seine Herde bewacht. Oder für den Hüter Israel, der sein Volk und seine Herde bewahrt.

Ja, davon darf jeder ausgehen, der dem Herrn vertraut: Dieser Herr steht Schmiere. Damit uns nichts passiert. Damit niemand uns bös- und mutwillig überrascht. Er bewacht, er bewahrt, er behütet. Er erhält, er schützt! Es lauern in der Tat viele Gefahren. Wir haben es mit vielen Mächten und Gewalten zu tun. Und wir kommen ohne unseren Schutzmann nicht weiter.

Apropos Schutzmann: In der jiddischen Sprache wurde „Schmiere" als Bezeichnung für „Polizei" übernommen. Die Polizei, dein Freund und Helfer! Der Herr, dein Freund und Helfer in der Not!

שמר s-m-r heißt im Hebräischen aber nicht nur bewachen, bewahren. Sondern auch: „verehren". Man könnte ja die Frage stellen: Gott, warum nimmst du dir so viel Zeit für mich? Warum stehst du Schmiere für mich?

Und die Antwort ist: weil er uns verehrt! Oder, um es mit Jesaja 43,4 zu sagen: „Weil du in meinen Augen so wertgeachtet und auch herrlich bist und weil ich dich lieb habe.“

„Er wird deinen Fuß nicht gleiten lassen, und der BEHÜTET, schläft nicht. Der Herr behütet dich! Siehe, der HÜTER!“

So lässt sich getrost einstimmen in ein Lied von Frances Jane van Alstyne-Crosby (1890): „Gott wird dich tragen, drum sei nicht verzagt, treu ist der Hüter, der über dich wacht. Stark ist der Arm, der dein Leben gelenkt, Gott ist ein Gott, der der Seinen gedenkt.“

אם

ᶜ-m *ihm*

Wenn schon, denn schon

Bei mir gehört sie zum Wortschatz, die Redewendung „Wenn schon, denn schon". Zum Beispiel in folgender Unterhaltung: „Schatz, du hast dich aber sehr fein gemacht heute! Du siehst echt gut aus!" Und sie sagt: „Na, wenn schon, denn schon! Wenn du schon mal mit mir ins Konzert gehst, dann werfe ich mich schon ganz schön in Schale!" Oder aber: „Sollen wir bei dem Regen mit dem Bus oder dem Taxi zum Konzert fahren?" „Klar, wir nehmen standesgemäß ein Taxi. Wenn schon, denn schon!" Und ich frage den Zahnarzt: „Wird die Behandlung weh tun?" Und er meint: „Wir müssen an die Wurzel. Wir müssen das richtig gründlich angehen! Wenn schon, denn schon! Sonst haben Sie immer wieder Probleme."

Diese Redewendung „Wenn schon, denn schon" haben wir aus der hebräischen Sprach- und Denkwelt übernommen (אם ᵓ-m, wenn). Fast unbemerkt hat sie sich in unseren Wortschatz einbinden lassen. Wir haben noch etwas daran gefeilt, denn wir dachten: Es muss sich reimen! Aus „Wenn schon, dann erst recht!" im Hebräischen wurde bei uns „Wenn schon, denn schon!"

Die Juden dachten genau in diesem Schema: „**Wenn schon** Gott aus dem Nichts die Erde geschaffen hat, **dann erst recht** kann er auch bei mir aus meinem gar Nichts etwas schaffen!". „**Wenn schon** Gott das Meer vor unseren Leuten teilen konnte, so dass sie trockenen Fußes hindurch gehen konnten, **dann erst recht** wird Gott die Wasser teilen, die mir persönlich bis zum Hals stehen!" „**Wenn schon** Gott in der Wüste Manna geschenkt hat aus heiterem Himmel, **dann erst recht** wird er mich versorgen, wenn ich den Eindruck habe, Mangel zu leiden."

Die „Formel" lautet also: „**Wenn schon** Gott dies große Wunder tat, **denn schon**, **dann erst recht** kann er Wunderbares bei mir schaffen!"

In 1. Mose 13,10 finden wir diese Redewendung: „**Wenn schon** ein Mensch den Staub auf Erden zählen könnte, **denn schon**, dann erst recht, könnte er auch deine Nachkommen zählen." Hier, da auf Menschen bezogen, ist es eine Verstärkung der Unmöglichkeit! Denn es ist einfach nicht zu schaffen, den Sand zu zählen.

Aber Haare kann man zählen! Sagt jedenfalls Jesus! „**Wenn schon** eure Haare auf dem Haupt alle gezählt sind, **denn schon**, **dann erst recht** braucht ihr euch nicht zu fürchten, denn ihr seid besser als viele Sperlinge!" (Matthäus 10,30-31)

Auch in Matthäus 6,30 bringt Jesus schon diese Denkweise ins Spiel: „Wenn nun Gott das Gras auf dem Feld so kleidet, das doch heute steht und morgen in den Ofen geworfen wird: sollte er das nicht viel mehr für euch tun, ihr Kleingläubigen?"

Fast redundant kommt diese Denke in jesuanischer Lehre vor: In guter jüdischer Tradition, den großen, gütigen, treuen Gott kennend, sagt er seinen Jüngern und damit uns: „Wenn schon Gott in der Lage war, in meiner Hand aus 5 Broten und 2 Fischen 5000 Leute satt zu machen, denn schon, dann erst recht kann er es auch bewirken, euren Hunger zu stillen und durch euch viele Leute satt zu machen!"

Wenn schon, denn schon! Und ich stelle mir vor, wie Gott selbst so denkt: „Wenn ich mir schon so viel Mühe gegeben habe, den Menschen zu erschaffen, dann werde ich jetzt erst recht alles dafür tun, um mich liebevoll um ihn zu kümmern, damit er weiterhin Gutes und Barmherzigkeit in vollen Zügen erleben kann."

Und jetzt machen Sie sich doch die Mühe, oder nehmen sich bitte zurecht das Recht, Ihren persönlichen Namen in diesen Satz einzufügen! Gott spricht zu dir: „Wenn ich mir schon so viel Mühe gegeben habe, *Bianca* zu erschaffen, dann werde ich jetzt erst recht alles dafür tun, um mich liebevoll um *Bianca* zu kümmern, damit sie weiterhin Gutes und Barmherzigkeit in vollen Zügen erleben kann."

כבד

k-b-d ***kawed***

Schwergewichtig!

Als kleiner Junge war ich ein sogenannter „Schlacks“, hochgewachsen aber spindeldürr. Sie glauben es mir nicht, wenn sie mich heute so ein wenig übergewichtig sehen. Gott sei Dank habe ich im Laufe der Zeit einiges auf die Rippen bekommen und Gewicht angesetzt! Laut Luther ist nur ein „recht Gewichtiger ein guter Verkündiger“. Aber wenn man sich als Schlacks seine Sporen verdienen muss, dann ist das ein fast aussichtsloses Unterfangen. Respekt, Wertschätzung, Autorität, Anerkennung: weit gefehlt! Man gilt nicht viel als Schlacks!

Im Hebräischen gibt es das Wort כבד k-b-d. Es bedeutet zum einen: schwer, gewichtig, schwergewichtig und deshalb geehrt und angesehen. Wer Gewicht auf die Waage brachte, war wertgeachtet. Denn es zeugte von einem gewissen Wohlstand, aber auch von einem gewissen Potenzial.

Mir kommt sofort der Vater des verlorenen Sohnes in den Kopf, der von Rembrandt auch recht wohlgenährt dargestellt wird, und in der Tat ist er ja auch eine gewichtige Persönlichkeit!

Mir kommt aber auch die antike Darstellung der Göttin Artemis bzw. Diana von Ephesus in den Sinn. Wohlgenährt, unzählige Brüste und damit sofort als Göttin erkennbar! Ja, wer Gewicht hat, ist gewichtig! Ein Schwergewicht ist wichtig.

Interessanterweise hat sich die Wichtigkeit von Gewichtigkeit auch im hebräischen Wort כבד k-b-d niedergeschlagen. כבד k-b-d ist nämlich das gängige Wort für „heilig“. Gott wird כבד k-b-d genannt, was übersetzt so viel heißt wie: gewichtig, heilig, sich herrlich erweisend!

Die Erfahrung der Juden war: Auf meinen Gott kann ich mich verlassen. Mit ihm kann ich Mauern überspringen. Er ist mein Schutzraum, meine feste Burg, in der ich mich bergen kann. Er ist die Quelle von viel Gutem, bei ihm gibt es viel zu holen. Da sind unendliche Ressourcen verfügbar.

Deshalb bringen es Menschen in der Tora immer wieder auf den Punkt: Gott, du bist heilig! Und heilig meint nicht, eine unerreichbare Gottheit, weit weg und für Menschen unfassbar, sondern Gott als der Heilige ist der uns zugewandte, sich um uns kümmernde Gott! Der sich mit seiner ganzen Schwergewichtigkeit für seine Kinder einsetzt! Sein Wort hat Gewicht! Was er sagt, ist gewichtig. Was er denkt, ist entscheidend. Sein Rat ist erheblich, maßgebend. Seine Taten sind mächtig, wuchtig, für uns über-lebens-ge-wichtig.

An dem habe ich mich als Schlacks immer wieder ausgerichtet und aufgerichtet. Festgehalten und Rückendeckung gesucht. Das hat mir persönlich auch ab und zu „Gewicht verliehen“.

כסל

k-s-l ***käsal***

Wenn ich schwach bin, bin ich stark!

Der Arzt, Philosoph und Dichter Friedrich Schiller aus dem Schwabenland gilt als Pionier der Psychosomatik, jener Wissenschaft, die zeigt: Die Psyche hängt zusammen mit dem Soma, dem Ergehen des Leibes. Aber in Wirklichkeit entdeckte man schon lange vorher in der Tora diesen Zusammenhang. Zum Beispiel in Psalm 32,3: „Denn da ich es wollte verschweigen, verschmachteten meine Gebeine durch mein tägliches Klagen."

Bei Jakob gibt es ein ähnliches Phänomen der Psychosomatik. Nach einem harten Kampf gegen den Engel Gottes, hinkt er plötzlich, was ihn schwerfällig werden lässt, plump und träge. Die Ursache war der harte Kampf, den er innerlich und äußerlich führen musste, der dann eben an seinem Körper Spuren hinterließ. Seine Muskeln waren verletzt, vermutlich seine Lendenmuskeln, der große Muskel, Musculus psoas major – כסל k-s-l, käsal – und dadurch wird er schwerfällig, plump und träge.

Aber: Das Wort כסל k-s-l hat auch noch eine weitere Bedeutung: Vertrauen, Zuversicht. In seiner Schwerfälligkeit und Gebrechlichkeit setzt er sein Vertrauen vollkommen und entschlossen auf seinen Gott.

Und einmal mehr darf man davon ausgehen, dass in der Verschiedenartigkeit, ja sogar Gegensätzlichkeit hebräischer Worte Raum zur Deutung liegt und man darf, muss, soll laut rabbinischen Gelehrten nach dem Zusammenhang suchen.

Der Zusammenhang besteht darin, dass Schwerfälligkeit und Trägheit gerade durch Vertrauen und Zuversicht überwunden werden kann. Das ist eine Lebenserfahrung, die Menschen im alten Israel immer wieder gemacht haben, weil sie ihren Gott so kennengelernt und erfahren haben!

In Jesaja 40,29-31 heißt es: „Er gibt dem Müden Kraft und Stärke genug dem Unvermögenden. Männer werden müde und matt, und Jünglinge straucheln und fallen; aber die auf den Herrn harren, kriegen neue Kraft, dass sie auffahren mit Flügeln wie Adler, dass sie laufen und nicht matt werden, dass sie wandeln und nicht müde werden.“

Man bringt es auf eine einfache Formel:

(Schwachheit + Unvermögen) x (Vertrauen + Zuversicht) = neue Kraft

Oder wie es in 2. Korinther 12,9-10 von Paulus erzählt wird: „Und er hat zu mir gesagt: Lass dir an meiner Gnade genügen; denn meine Kraft ist in den Schwachen mächtig. Darum will ich mich am allerliebsten rühmen meiner Schwachheit, damit die Kraft Christi bei mir wohne. Darum bin ich guten Mutes in Schwachheit, in Misshandlungen, in Nöten, in Verfolgungen und Ängsten um Christi willen; denn, wenn ich schwach bin, so bin ich stark."

כפר

k-f-r 🔊 *kiphär*

und

מחה

m-h-h 🔊 *machah*

Mit Pauken und Macheten

Angeln Sie gerne? Für mich persönlich gibt es nichts Langweiligeres! Interessant wird es höchstens dort, wo Angeln verboten steht! Dann wird's spannend! Was mag da alles rausgefischt werden? Das macht das Angeln so interessant, auch im übertragenen Sinne! Denn ganz oft versuchen wir im Tümpel der Vergangenheit zu angeln. In unendlichen Tiefen. Wir versuchen einen großen Fisch zu fangen, wobei doch klar gilt: Angeln verboten.

Wir haben alle schon erlebt, wie fremde Angler in unserem Territorium zu angeln versuchen, um etwas an die Oberfläche zu befördern, was längst der Vergangenheit angehört. Da wird geangelt nach Vorkommnissen, falschen Entscheidungen, Verletzungen, Enttäuschungen, da wird geangelt nach dem, wo man etwas schuldig geblieben ist, wo man schuldig wurde. Und jemand möchte es herausfischen, um es an die große Glocke zu hängen.

Ganz oft sind wir auch selbst diejenigen, die am Uferrand des Gewässers der Vergangenheit stehen und angeln. Und tatsächlich angeln wir manchen großen Fisch, von dem wir hofften, dass es ihn schon gar nicht mehr gäbe.

Corrie ten Boom, die während der nationalsozialistischen deutschen Besatzung der Niederlande eine Untergrundorganisation gründete, mit der zahlreiche Juden vor dem Holocaust gerettet wurden, gab einmal folgenden Ratschlag: „Wenn wir Gott unsere Schuld bringen, dann nimmt er sie und versenkt sie im Meer, da wo es am tiefsten ist. Und am Ufer stellt er ein Schild auf, darauf steht: ‚Angeln verboten!'"

In der Tora gibt es in der Priestersprache und in Verbindung mit dem Begriff „Schuld" das Wort כפר k-f-r: verwischen, vergeben. Das heißt: Schuld wird weggewischt. Vergeben. Sie ist nicht mehr. Sie hat nichts mehr zu sagen.

כפר k-f-r heißt aber auch: Gestrichen, ausgestrichen, zugedeckt. Zugedeckt unter viel Wasser. Wie vom Erdboden vertilgt. Es wird nicht mehr an die große Glocke gehängt. Die Schuld hat keine Möglichkeit mehr, aus eigener Kraft „hochzukommen". „Sie bleibt unter uns – weit unter uns." sagt Gott.

Und in alldem ist כפר k-f-r – obwohl der Vorgang viel Mühe macht – ein fürsorgliches Handeln. Was war, ist vergessen. Wie man einen Text auf einer Tafel mit dem Schwamm wegwischt: Keiner sieht mehr etwas, keiner kann je erahnen, was dort jemals stand. Und: „Es darf auch dich nicht mehr belasten, nicht mehr anklagen. Weggewischt."

Ein anderes Wort, das in diesem Zusammenhang in der Tora benutzt wird, ist מחה m-h-h. Es lässt sich übersetzen mit „Unrat entfernen" oder „wegfegen". Auch wenn sprachwissenschaftlich unklar ist, ob es einen Zusammenhang gibt, weckt es bei mir das Bild einer „Machete". Das ist ein großes, scharfes Messer oder Schwert mit einer bis zu drei Millimeter starken Klinge, mit dem man dickes Gestrüpp, das einem den Weg versperrt, entfernt. Bekannt aus vielen Abenteuerromanen und -filmen.

„Mir hast du Arbeit gemacht mit deinen Sünden und hast mir Mühe gemacht mit deinen Missetaten. Ich, ich tilge מחה m-h-h deine Übertretungen um meinetwillen und gedenke deiner Sünden nicht." (Jesaja 43,24-25)

„Ich tilge מחה m-h-h deine Missetat wie eine Wolke und deine Sünden wie den Nebel. Kehre dich zu mir, denn ich erlöse dich!" (Jesaja 44,22)

כפר k-f-r impliziert übrigens auch, dass der, dem etwas geschuldet wird, nun gütig, gnädig, barmherzig gestimmt wurde. Der Weg ist frei zurück in Gottes „Vaterherzraum".

Was für ein Bild: Während sich Gott mit „Macheten" durch unseren Dschungel von Schuld kämpft und allen Unrat beseitigt, dabei keine Mühen scheut, um den Weg frei zu machen, wird er gnädig, barmherzig und sanftmütig. Nichts kann uns scheiden von dieser Liebe Gottes.

„Lobe den Herrn, meine Seele, und vergiss nicht, was er dir Gutes getan hat; der dir alle deine Sünden vergibt und heilet alle deine Gebrechen, der dein Leben vom Verderben erlöst, der dich krönt mit Gnade und Barmherzigkeit." (Psalm 103,2-4).

כח

k-h *koach*

Nicht aus eigener Kraft!

Lange bevor die Esoterik die Eidechse für sich als „Krafttier“ entdeckt hat, ist sie in der Tora schon vor Jahrtausenden als Inbegriff der Kraft verewigt worden. Und beim Namen genannt: Koach! (3. Mose 11,30)

כח k-h ist zunächst das hebräische Wort für Kraft, Tauglichkeit, Tüchtigkeit und Vermögen. Die alten Hebräer waren immer sehr gute Beobachter der Schöpfung. Sie liebten das, was ihnen ihr Schöpfer bereitet hatte. Und dazu gehörte neben Pflanzen, Tieren, Ozeanen, Himmel auch die Tierwelt. Und so haben sie als Synonym für Kraft und Tüchtigkeit die Eidechse erkoren. Nomen est omen. Doch warum?

Ein kleiner Exkurs: Eidechsen entkommen ihren Feinden dadurch, dass sie ihren Schwanz abwerfen. Ballast weg und auf und davon! Nach gelungener Flucht wird der Schwanz einfach regeneriert. Deshalb ist die Eidechse für viele Völker Sinnbild für Widerstandskraft, Wiedergeburt und Erneuerung. Was wir seit einiger Zeit mit Resilienz bezeichnen, versteht die Eidechse seit langem! Und das macht sie so besonders im Tierreich. Sie scheint Gefahr zu wittern, wenn sie in der Luft liegt und behält dabei einen kühlen Kopf. Sie meistert Herausforderungen mit Bravour. Ihre Potenziale setzt sie unter schwierigsten Situationen frei.

Aber Eidechsen haben Feinde. Und nicht immer reicht ihre eigene Kraft aus zum Überleben. An vielen Orten ist ihr Bestand gefährdet. So ist die Eidechse zugleich Sinnbild dafür, dass auch wir es nicht schaffen, aus eigener Kraft das Leben mit seinen Herausforderungen zu meistern. Das wird in der Tora gebetsmühlenartig wiederholt:

„Einem König hilft nicht seine große Macht; ein Held kann sich nicht retten durch seine große Kraft." (Psalm 33,16) Und: „Er wird behüten die Füße seiner Heiligen, aber die Gottlosen sollen zunichtewerden in Finsternis; denn viel Macht hilft doch niemand." (1. Samuel 2,9)

כח k-h ist nun nicht nur die Kraft und Tüchtigkeit von Menschen. Sondern in erster Linie die Kraft Gottes!

„Er aber hat die Erde durch seine Kraft gemacht." (Jeremia 10,12) Und: „Er herrscht mit seiner Kraft." (Psalm 65,7)

Die Eidechse erinnert als „Krafttier" den „Kraftmenschen": Das Leben ist ein Kraftakt, den wir nur mit und in der Kraft Gottes meistern.

„Hüte dich nun davor, den Herrn, deinen Gott, zu vergessen. (...) Du könntest sonst sagen in deinem Herzen: Meine Kräfte und meiner Hände

Stärke haben mir diesen Reichtum gewonnen. Sondern gedenke an den Herrn, deinen Gott; denn er ist's. der dir Kräfte gibt, Reichtum zu gewinnen.“ (5. Mose 8,11.17-18)

Wir schaffen es nicht aus eigener Kraft, egal wie tüchtig wir uns fühlen, egal, wie taktisch klug wir uns verhalten, egal wie oft wir uns regenerieren und Resilienz antrainieren lassen.

Martin Luther schreibt in seinem wunderbaren Lied „Ein feste Burg ist unser Gott“: „Mit unsrer Macht ist nichts getan, wir sind gar bald verloren; es streit' für uns der rechte Mann, den Gott hat selbst erkoren. Fragst du, wer der ist? Er heißt Jesus Christ, der Herr Zebaoth, und ist kein andrer Gott, das Feld muss er behalten.“

און

ʾ-w-n *awän*

Es ist nicht alles Gold, was glänzt

Das hebräische Wort און ʾ-w-n bedeutet so viel wie
1. peinliche Mühe, Beschwerde, Sünde, Täuschung, Lüge und Trug.

Aber auch

2. Vermögen, Kraft, Reichtum.

Diese Buchstaben-Kombination hat also scheinbar völlig entgegengesetzte Bedeutungen. Wie kann das sein?

Die Tora bringt die Ambivalenz des Lebens auf den Punkt. Das Leben verlangt uns viel ab! Und es ist täglich Last und Mühe. Das drückt Mose so aus: „Unser Leben währet siebzig Jahre, und wenn's hochkommt, so sind's achtzig Jahre, und was daran köstlich scheint, ist doch nur vergebliche Mühe (און ʾ-w-n), denn es fähret schnell dahin, als flögen wir davon.“ (Psalm 90,10)

Einen Augenblick lang haben wir bei und von allem Mühen den Eindruck: Wir haben etwas geschafft! Wir haben etwas in der Hand! Wir haben es hinbekommen. Alles wie immer. Alles beim Alten. So wie schon bei den Händlern Kanaans: „Wie Kanaans Händler hat Ephraim eine falsche

Waage in seiner Hand und betrügt gern; denn er spricht: ich bin reich (און ᵓ-w-n), ich habe genug!" (Hosea 12, 8-9)

Eine falsche Sicherheit! Täuschung, Lüge und Trug! Eben און ᵓ-w-n.

Was macht aus der Täuschung die Kraft, aus der Lüge den Reichtum? Es ist wie in der Sprache: eine kleine, punktuelle Abweichung, ein paar kleine Punkte, die man im Normalfall aber nicht sieht: Vokale.[6]

Ein „kleiner" Punkt, das Abweichen vom eingeschlagenen Kurs, Weichenstellung und „zurück- und hineinweichen", wie es der Prophet Hosea seinem Volk vorschlägt: „So bekehre dich nun zu deinem Gott, halte fest an Barmherzigkeit und Recht und hoffe stets auf deinen Gott!"

Eine furchtbare Kraft-Erfahrung musste Israel mit eigenen Augen sehen: „Er schlug alle Erstgeburt in Ägypten, alle Erstlinge ihrer Kraft (און ᵓ-w-n)." (Psalm 105,36)

Sie selbst vertrauten ihrem Gott und wurden aus Ägypten geführt, mit Glanz und Gloria: „Er führte sie heraus mit Silber und Gold; es war kein Gebrechlicher unter ihren Stämmen." (Psalm 105,37)

Und mit diesen Taschen voll Gold kommen sie mitten hinein in die Ambivalenz des Lebens: das

6 Wie Ihnen in diesem Buch sicher schon aufgefallen ist, wird Hebräisch standardmäßig nur in Konsonanten geschrieben. Die Vokale können optional durch darunter stehende Punkte und/oder Striche hinzugefügt werden.

Gold aus Ägypten für das goldene Kalb? Oder das Gold aus Ägypten für die Bundeslade? Der Reichtum kam in diesem Fall vor dem Fall. Und es war eine Herkulesaufgabe für Mose, das zurechtzubringen.

Eine Entscheidung, die bis heute jeder treffen muss: was tun mit dem Gold in den Taschen? Den Götzen opfern und das goldene Kalb damit schmieden? Oder das Beste für den Höchsten und alles zu seinem Lob und zu seiner Ehre? Damit alles Gold bleibt, was glänzt.

Das sind die Optionen:

Gott schenkt die Kraft – dann wird daraus Vermögen und Reichtum.

Gott nimmt die Kraft – dann wird alle Liebesmühe peinliche Mühe.

פלט

p-l-t *palat*

Vom Pleitegeier

Wissen Sie, woher der Ausdruck „Pleitegeier“ kommt? Viele Menschen denken dabei an den Bundesadler auf den Pfandsiegeln der Gerichtsvollzieher. Richtig ist allerdings vielmehr, dass dieses Wort seinen Ursprung in der hebräischen Sprache hat.

So war im Jiddischen der Plejte Gejer jemand, der auf der Flucht vor seinen Schuldnern war (Plejte = Flucht, Gejer = Geher, Läufer). Pleite-Geher sind die, die durch den Bankrott hindurch müssen. Durch falsches Verstehen wurde daraus dann schließlich der Pleitegeier, den man geradezu bildhaft über den verschuldeten Menschen kreisen sehen kann.

Das Wort Plejte stammt wiederum aus dem hebräischen: פלט p-l-t. Es bedeutet „entkommen“, „entfliehen“, „sich oder etwas in Sicherheit bringen“. Es kommt häufig vor in der Tora. Sie scheint ein Buch der Pleitegeier zu sein, der Flucht-Geher. Menschen, die flüchten, weil sie überfordert sind, weil sie Angst haben, weil sie nicht klarkommen. Menschen, die durch die Pleite, den Ruin, den Misserfolg, das Fiasko hindurch müssen.

David, der oft auf der Flucht erkennt und bekennt: „Wohin soll ich gehen vor deinem Geist, und wohin soll ich fliehen vor deinem Angesicht? Führe ich gen Himmel, so bist du da; bettete ich mich bei den Toten, siehe, so bist du auch da. Nähme ich Flügel der Morgenröte und bliebe am äußersten Meer, so würde auch dort deine Hand mich führen und deine Rechte mich halten." (Psalm 139,7-10)

Wer flüchtet, hat sehr oft kein Ziel vor Augen. Es fehlt einem der „Zufluchts-Ort", von dem es z.B. in Jeremia 16,9 heißt: „Herr, du bist meine Stärke und Kraft und meine Zuflucht in der Not."

Nein! Wir sind zunächst mal keine Pleitegeier, keine „Fluchtgeher" ins Niemandsland. Wir sind die, deren Zuflucht in jeder Not der Herr ist und bleibt!

So betet Moses in Psalm 90,1: „Herr, du bist unsere Zuflucht für und für." Und mit Psalm 71,3 darf gebetet werden: „Sei mir ein starker Hort, dahin ich immer fliehen möge, der du zugesagt hast, mir zu helfen; denn du bist mein Fels und meine Burg."

Wenn sich dann aber der Bankrott nicht abhalten lässt, wenn es durch tiefe Wasser geht, wenn die Existenz bedroht ist, was dann? Kennt das die Tora auch?

Eine der größten Pleiten erlebte Mose: Er darf am Ende noch einen scheuen Blick vom Nebo aus ins Gelobte Land werfen, dann aber nicht hinüber. „Stirb auf dem Berge, auf den du hinaufgestiegen bist, und lass dich zu deinem Volk versammeln." (5. Mose 32,50) Tief berührt hat mich dann die Beerdigung: „So starb Mose, der Knecht des Herrn daselbst im Lande Moab nach dem Wort des Herrn. Und er begrub ihn im Tal, im Lande Moab gegenüber Bet-Peor. Und niemand hat sein Grab erfahren bis auf den heutigen Tag." (5. Mose 34,5-6)

Gott selbst beerdigt seinen lieben Mose! Und er macht das so gründlich, dass niemand etwas davon entdeckt! Er kümmert sich im Leben wie im Sterben und im Tod um seine geliebten Menschen. Um die, die vor Ruinen stehen. Die so viel Misserfolge zu verbuchen hatten. Bei denen so viel kaputtging! Nun begräbt Gott mit Sicherheit nicht jeden „Pleitegeier". Aber es steckt so viel Liebe in dieser Erzählung.

Und wir dürfen wissen: Wenn Gott schon am Lebensende trotz aller hingelegten Pleiten und Bruchlandungen so liebevoll mit uns umgeht, dann erst recht auch in den Situationen, wo uns der Kittel brennt und das Wasser bis zum Hals steht. Denn: „Zuflucht ist bei dem alten Gott." (5. Mose 33,27)

כהה

k-h-h 🗣 *kahoh*

K. o. – knock-out!

Wann waren Sie das letzte Mal so richtig „k.o.“? Ich gebe zu, ich brauche täglich meinen Mittagsschlaf, weil ich nach der Arbeit am Morgen doch sehr k. o. bin. Und nach 3 Monaten Arbeiten bin ich so k.o., dass ich mir wenigstens einen Kurzurlaub gönnen muss. Gott selbst war nach 6 Tagen so k.o, dass er sich den Sabbat gönnte. Den Ruhetag.

Aber k.o. meint etwas anderes: Ein Knock-out. Der Begriff stammt aus dem Boxsport. Er leitet sich ab von dem englischen Verb „to knock-out (of time)“, wörtlich übersetzt: „jemanden (aus der Zeit) herausschlagen“. Ein Boxer ist k.o., wenn er nach einem Niederschlag nicht mehr in der Lage ist, innerhalb einer vorgegebenen Zeitspanne (10 Sekunden) weiterzukämpfen, sodass der Ringrichter den Kampf abbricht.

Und das kommt im Alltag ja auf unterschiedlichste Weise vor, dass man herausgeschlagen wird aus der Zeit, dass man innerlich verletzt wird, Wunden davonträgt und kaum mehr aufstehen kann. Der Kampf muss abgebrochen werden, man steigt aus dem Ring als Verlierer. Manche

Schicksalsschläge schlagen mit starker Faust und mit voller Wucht zu.

Auch Israel ging oft zu Boden. Bedrängt von Feinden, oft sich selbst verletzend, in dem man sich nicht an Bundesbeschlüsse hielt, eigene Pläne verfolgte und plötzlich merkte, man hatte an allen Fronten zu kämpfen und viel Verlust. K.o., Knock-out. Davon ist in der Bibel viel zu lesen.

Für den Zustand des K.o. kennt die Bibel das Wort כהה k-h-h. Es heißt so viel wie „verlöschen, verzagen, schwer verletzt werden oder sein". Was unserem K.o.-Sein ziemlich entspricht.

Aber כהה k-h-h – fast so klingend wie „Aha!" – umfasst noch eine andere Facette, nämlich das Geheiltwerden von einer Wunde. Die Heilung, die Befreiung. Das, was dem, der k.o. ging, nicht möglich ist, sich aus eigenen Kräften wieder zu wappnen und zuzurüsten, das kennt der hebräisch denkende Mensch im Zusammenhang mit Gott.

Zum Beispiel heißt es in Psalm 41,4: „Der Herr wird ihn erquicken auf seinem Lager; du hilfst ihm auf von aller seiner Krankheit. Ich sprach: Herr, sei mir gnädig! Heile mich."

Wir brauchen zwei Worte für כהה k-h-h, nämlich verletzt sein. Das ist ein klarer Zustand. Weit weg davon ist dann der Zustand der Heilung, der Wiederherstellung. Im Hebräischen gibt es für die beiden Seiten der Medaille nur ein Wort: כהה k-h-h. Denn wer auf Gott vertraut, hat Hilfe und Heilung in Zeiten der Not. Auch wenn er in die

Knie gezwungen wird, auch wenn der Kampf abgebrochen werden muss: Verletzung und Heilung gehören bei Gott zusammen.

Hier wird auch im sogenannten Ursache-Wirkung-Prinzip gedacht. Die erste Bedeutung heißt: verletzt werden. Die zweite Bedeutung heißt: geheilt werden. Genauso erleben es Kinder Gottes – die Verletzung geht der Heilung voraus. Die Heilung folgt der Verletzung. Interessant ist auch, dass dieser Zusammenhang auch schon im Propheten Jesaja, Kapitel 53 analysiert wird, und das dann auf Jesus übertragen wird:

„Aber er ist um unsrer Missetat willen verwundet und um unsrer Sünde willen zerschlagen. Die Strafe liegt auf ihm, auf dass wir Frieden hätten, und durch seine Wunden sind wir geheilt." (Jesaja 53,5)

Der Psalm für die Ausgeknockten, für die Kämpfer am Boden, für die, die k.o. gegangen sind, ist Psalm 146,8: „Der Herr richtet auf, die niedergeschlagen (worden) sind."

כלל

k-l-l ***kalal***

und

כלה

k-l-h ***kalah***

Formvollendet!

Haben Sie auch gerne geknetet? Ich habe das als Kind gerne gemacht. Und kenne es von meinen Kindern: Als Kinder können wir uns unendlich lange mit Knetmasse beschäftigen.

Das Schöne daran ist ja, dass – wenn man fertig geknetet hat – alles wieder zurück auf Null gebracht werden kann. Und dann kann man sich erneut ans Kneten machen, etwas umbiegen, etwas vollenden!

In der Tora gibt es ein Wort, das genau diese beiden Facetten vereint: כלל k-l-l. Es meint ursprünglich: „zu Ende sein, aufhören, matt werden". Es bedeutet aber auch: „umbiegen, vollenden".

Vielleicht kann man es am besten an Josef deutlich machen. Der wurde ja ordentlich durchgeknetet. Von seinen eigenen Brüdern verraten und verkauft, aber auch von seinen Vorgesetzten massiv unter Beschuss genommen. Er kannte das gut, immer wieder am Ende zu sein, fertig zu sein, aber auch matt, saft- und kraftlos. Doch er hat schließlich erlebt, wie Gott alles auf Null setzt, wie er die ganze „Knetmasse" noch einmal in die Hand nimmt und er am Ende sagen kann: „Ihr gedachtet, es böse mit mir zu machen, aber Gott gedachte, es gut zu machen." (1. Mose 50,20)

Aus dem spielerischen, kindlichen Kneten ist in der Zwischenzeit harte Lebenswirklichkeit geworden: Wir kneten viel, wir werden durchgeknetet. Und es ist ein Prozess, der uns oft an unsere Grenzen bringt, viel Lebensenergie kostet und uns כלל k-l-l macht, matt! Oft kneten an uns die hohen Erwartungen anderer, die uns verbiegen wollen. Oft versuchen wir selbst, etwas zu Ende zu bringen und am Ende sind wir am Ende – mit unseren Ideen, mit unserer Kraft.

Wie gut, dass im hebräischen Wort כלל k-l-l nicht nur die negative Seite beschrieben wird, sondern auch die positive Seite und wie ein Trost, wie eine Verheißung darin verankert sind, schwarz auf weiß festgelegt: noch einmal neu „gebogen" werden, von Gott geknetet und dann vollendet werden. In höchster und schönster Vollendung.

Das Wort כלל k-l-l hat sich übrigens entwickelt aus dem Wort כלה k-l-h. Dieses hat ebenfalls beide Seiten in sich vereinigt. Das Vollendetsein, aber auch das „Hinschwinden, Schmachten, das Vertilgt-Werden; Kraft, die verbraucht ist". כלה k-l-h ist zudem auch die wunderschön zurecht gemachte „Braut".

Paulus hat das so ausgedrückt: „Ich bin darin guter Zuversicht, dass der in euch angefangen hat das gute Werk, der wird's auch vollenden bis an den Tag Christi Jesu." (Philipper 1,6)

In diesem Sinne: Lassen wir uns vom Schöpfer mit sanfter Hand durchkneten. Er wird uns nicht bis zum Zerbrechen „verbiegen". Aber er wird vollenden, was bei uns oft unvollendet bleibt.

„Aber nun, Herr, du bist doch unser Vater! Wir sind Ton, du bist unser Töpfer, und wir alle sind deiner Hände Werk." (Jesaja 64,7)

נסה

n-s-h *nisah*

und

מסה

m-s-h *masah*

Drum prüfe, wer sich ewig bindet …

Ich oute mich als überzeugter Online-Kunde. Ich bestelle die Ware und habe viel Zeit, um das Notebook, den Fotoapparat oder den Beamer zu testen, zu prüfen. Erfüllt er die Anforderungen, behalte ich ihn. Wenn er nichts taugt, dann schicke ich die Ware zurück.

So eine Art „prüfen“ und „auf Tauglichkeit testen“ steckt hinter den hebräischen Worten für Versuchung: נסה n-s-h bzw. מסה m-s-h.

נסה n-s-h: waschen, auflösen, schmelzen, zergehen lassen. נסה n-s-h: prüfen, auf die Probe stellen, versuchen, jemanden vor eine Wahl stellen. Einen Versuch machen.

Bei diesen „Läuterungs-Begriffen“ denkt der orientalische Mensch u.a. an die Goldgewinnung, bzw. Läuterung des Goldes: Zur Zeit der Bibel reinigte man Gold mit Feuer. Feuer brachte die Unreinheiten an die Oberfläche, sodass man sie leichter entfernen konnte.

Sowohl im Alten wie im Neuen Testament ist es für Gläubige ein normaler Prozess, dass sie „geläutert" bzw. „geprüft" werden. Luther übersetzt es oft mit „Anfechtung" oder „Versuchung".

In 1. Petrus 1,6-7 heißt es: „Dann werdet ihr euch freuen, die ihr jetzt eine kleine Zeit, wenn es sein soll, traurig seid in mancherlei Anfechtungen, damit euer Glaube als echt und viel kostbarer befunden werde als das vergängliche Gold, das durchs Feuer geläutert wird, zu Lob, Preis und Ehre, wenn offenbart wird Jesus Christus."

Hebräisches Denken ist Jesu Denken! Er kannte die Weisheiten aus Sirach 6,6: „Willst du einen Freund finden, so erprobe zuerst seine Treue und vertrau ihm nicht allzu rasch." Auf die Probe gestellt wurden seine Freunde u. a. im Garten Gethsemane: „Wachet und betet, dass ihr nicht in Anfechtung fallt! Der Geist ist willig; aber das Fleisch ist schwach." (Matthäus 26,41) Jesu Freund Judas erlag einer folgenschweren Versuchung: „Denn die reich werden wollen, die fallen in Versuchung und Verstrickung und in viele törichte und schädliche Begierden, welche die Menschen versinken lassen in Verderben und Verdammnis." (1. Timotheus 6,9)

Für das Volk Israel, die Tora-Menschen, stand es außer Frage: Häufig ist es Gott, der die Menschen prüft, um die Gesinnung zu erforschen (1. Mose 22,1/ 2. Mose 15,25/ 5. Mose 8,2.16/ 5. Mose 13,4/ 33,8; Richter 2,22/ Richter 3,1.4/ Psalm 26,2/ 2. Chronik 32,31).

Und: Der Mensch selbst hat es sich seit langem zu (s)einem Gebet gemacht, eingefügt in Rituale, den Herrn zu bitten, dass er ihn prüfe, versuche, erprobe: „Prüfe mich, Herr, und erprobe mich, erforsche meine Nieren und mein Herz!“ (Psalm 26,2) und: „Erforsche mich, Gott, und erkenne mein Herz; prüfe mich und erkenne, wie ich's meine. Und sieh, ob ich auf bösem Wege bin, und leite mich auf ewigem Wege.“ (Psalm 139,23-24) Prüfung wie eine Art Gebetserhörung. Um am Ende den falschen vom rechten Weg unterscheiden zu können. Und dabei mit Gott im Einklang zu sein. Denn das bedeutet Segen und Zufriedenheit.

Wie begegnet Gott selbst der Versuchung? Er startet (für Gottheiten der Antike völlig untypisch) einzigartige und einmalige „Versuche“. Wie in 5. Mose 4,34-35 beschrieben: „Oder ob je ein Gott versucht hat, hinzugehen und sich ein Volk mitten aus einem Volk herauszuholen durch Machtproben, durch Zeichen, durch Wunder, durch Krieg und mit starker Hand und ausgerecktem Arm und durch große Schrecken, wie das alles der Herr, euer Gott, für euch getan hat in Ägypten vor deinen Augen? Du hast es sehen können, auf dass du wissest, dass der Herr allein Gott ist und sonst keiner."

Wer sollte dieser „Versuchung" widerstehen? Gottes Versuch, uns immer und immer wieder völlig von sich zu überzeugen. Von seiner Liebe, seiner Großmut, seiner Allmacht.

Wenn Jesus in Matthäus 6 seine Jünger das Beten lehrt und die Bitte ans Herz legt: „Und führe uns nicht in Versuchung, sondern erlöse uns von dem Bösen", dann ist es wie das ohnmächtige Flehen, dass Gott gnädig führe. In Anbetracht der Tatsache, dass er uns führt, möge er Wege finden, die Versuchung zu meiden. Aber den Betenden ist es bewusst, dass der Versucher intensiv am Werk ist und dass die Liste derer, die der Versuchung erlegen sind, lange ist. In alldem wissen sie: „Bisher hat euch nur menschliche Versuchung getroffen. Aber Gott ist treu, der euch nicht versuchen lässt über eure Kraft, sondern macht, dass die Versuchung so ein Ende nimmt, dass ihr's ertragen könnt." (1. Korinther 10,13)

Jesus selbst war einer, der zeitlebens in Versuchung stand. „Wir haben nicht einen Hohenpriester, der nicht könnte mit leiden mit unserer Schwachheit, sondern der versucht worden ist in allem wie wir, doch ohne Sünde." (Hebräer 4,15) Und warum war er den Versuchungen ausgesetzt? „Denn da er selber gelitten hat und versucht worden ist, kann er helfen denen, die versucht werden." (Hebräer 2,18)

חסד

h-s-d *chäsäd*

Liebe, Schmach und Schande

„Worte, Worte, nichts als Worte", schrieb William Shakespeare (1564-1616). Wie oft brauchen wir viele verschiedene Worte, wo die Juden nur ein Wort kennen. So auch bei חסד h-s-d. Es bedeutet „Schmach, Schande, beschimpfen, tadeln". Zugleich aber auch „Liebe, Gunst, Gnade, Güte, Wohlwollen, Barmherzigkeit, Liebreiz, Anmut, Grazie". Die Wortwurzel, das, was beide verbindet, ist ein und dieselbe חסד h-s-d.

Und sie bringen mit diesem einen Wort in Verbindung, was zusammengehört. Schande braucht Liebe. Liebe zieht Schmach auf sich. Gegensätze ziehen sich an.

Obwohl das Volk Israel jahrhundertelang Schmach und Schande auf sich gezogen hat, obwohl es seinen Gott aufs Übelste beschimpft hat, richtet der Prophet eine wunderbare Vision aus: „Der Herr ist mir erschienen von ferne: ‚Ich habe dich je und je geliebt, darum habe ich dich zu mir gezogen aus lauter Güte.'" (Jeremia 31,3)

Liebe trotz Schmach und Schande. Schmach und Schande trotzen Liebe. חסד h-s-d, weil Schande und Liebe keine „Einzelkämpfer" sind, sondern eine unauflösliche Einheit in der Geschichte Gottes mit den Menschen.

Es liegt in der Natur des Menschen: Sobald er alles hat, treibt ihn die Sehnsucht ungestillter Bedürfnisse um. Und er manövriert sich ins Abseits. Irgendwann hält er Schmach und Schande nicht mehr aus, er fängt an, sich zu schämen. Und wünscht sich zurück ins alte Nest. Da, wo er es gut hatte. Wo ihm nichts gefehlt hat. So groß die Sehnsucht war, zu neuen Ufern aufzubrechen, genau so groß ist die Sehnsucht, jetzt wieder zurückzukommen.

Und tatsächlich, was im normalen Leben unvorstellbar ist, was in vielen Beziehungen unmöglich ist, das ist bei Gott möglich: Die Türen stehen offen. Gott kann es kaum erwarten, Schmach und Schande mit Liebe und Ehre zu bedecken. Es gehört für ihn zusammen. Und so heißt es im Gleichnis vom verlorenen Sohn:

„Als er aber noch weit entfernt war, sah ihn sein Vater, und es jammerte ihn, er lief und fiel ihm um den Hals und küsste ihn." (Lukas 15,20)

Und ein anderer, der sich auch nicht mit Ruhm bekleckerte, sondern dessen Reichtum ihm die Grenzen wies, der sich in sich selbst verlor und verkümmerte, der Schmach und Schande auf sich zog – der erlebte die personifizierte „chäsäd": „Jesus sah ihn an und gewann ihn lieb und sprach zu ihm…" (Markus 10,21)

Der Gottesknecht selbst ist die Fleisch gewordene חסד h-s-d.

„Er war der Allerverachtetste und Unwerteste, voller Schmerzen und Krankheit. Er war so verachtet, dass man das Angesicht vor ihm verbarg; darum haben wir ihn für nichts geachtet." (Jesaja 53,3) Und warum erträgt er das alles in Liebe? Damit „wir Frieden hätten, und durch seine Wunden sind wir geheilt". Liebe, die Schmach und Schande erträgt.

חסד h-s-d bedeutet auch „fromm, sanftmütig sein". Vielleicht ist Frömmigkeit genau das: Liebe erträgt alles. Auch die Schmach, auch die Schande, auch die Beschimpfungen. Und es ist die Eigenheit und das Geheimnis echter Liebe, dass sie unter schwierigsten Bedingungen wächst.

(Mehr zu חסד h-s-d siehe auch S. 28)

חיל

h-j-l *chajil*

Unter Schmerzen geboren

חיל h-j-l heißt übersetzt:
1. unter Geburtsschmerzen beben,
   beben vor Angst, unter Wehen gebären,
   hervorbringen.

Aber auch
2. Kraft, Stärke, Tüchtigkeit,
   Vermögen, Reichtum.

Auch hier wieder: Mit einem Wort wird in der Tora ein Prozess ausgedrückt, den wir mit vielen Worten auseinanderdividieren, der aber doch zusammengehört, nämlich der durch schwere Zeiten hin zu Kraft und Stärke.

„Hüte dich, dass dein Herz sich nicht überhebt und du den Herrn, deinen Gott, vergisst, (...) der dich geleitet hat durch die große und furchtbare Wüste, so feurige Schlange und Skorpione und lauter Dürre und kein Wasser war, (...) auf dass er dich demütigte und versuchte, damit er dir hernach wohltäte. Du könntest sonst sagen in deinem Herzen: Meine Kräfte und meiner Hände Stärke haben mir diesen Reichtum gewonnen. Sondern gedenke an den Herrn, deinen Gott; denn er ist's, der dir Kräfte gibt, Reichtum zu gewinnen." (5. Mose 8,14-18)

Ein Freund[7] von mir ist Unternehmer und bietet Unternehmerreisen an. Drei Stück pro Jahr zu den Besten der Besten! Eine Reise geht ins Silicon Valley, denn die ganze Welt schaut auf die Konzerne dort. Eine Reise geht nach China, weil man dort höchste Erkenntnisse für die Wirtschaft gewinnt. Und einmal pro Jahr fliegt er nach Israel, weil es in keinem anderen Land der Welt so viele Start-up-Unternehmen gibt, die für Hightech-Revolutionen gesorgt haben in der IT-Branche, in der Rüstungsindustrie, in der Medizin, der Landwirtschaft usw. Israel ist auf dem Weg, nicht *unter* den Besten zu sein, sondern *das* Beste zu sein! Israel ist der neue Hotspot der Welt! Fast ein Déjà-vu-Erlebnis: „das Land, in dem Milch und Honig fließen."

Die Geschichte Israels mit der heutigen Momentaufnahme zeigt: Es war und ist ein schmerzhafter, angstvoller Prozess, der zu dieser Kraft und Stärke geführt hat, der tüchtig, vermögend und reich gemacht hat. Auch wenn heute in der israelischen Gesellschaft und Politik nicht alles nach der Tora zugeht und schon gar nicht ihr Erfolg Verdienste ihrer derzeitigen Frömmigkeit sind, so darf man doch diesen Prozess im Großen und Ganzen nicht übersehen. Es fing alles klein an, aber mit großer Leidenschaft:

---

7 Prof. Dr. Jörg Knoblauch, www.joerg-knoblauch.de

„Nicht hat euch der Herr angenommen und euch erwählt, weil ihr größer wäret als alle Völker – denn du bist das Kleinste unter allen Völkern –, sondern weil er euch geliebt hat. (5. Mose 7,7-8)

Und am kleinsten war der Größte am Werk und er hat hervorgebracht, was andere neidlos und neidvoll anerkennen müssen. Wenn auch mit viel Widerwille:

„Herr, es ist dir keiner gleich unter den Göttern, und niemand kann tun, was du tust. Alle Völker, die du gemacht hast, werden kommen und vor dir anbeten, Herr und deinen Namen ehren, dass du so groß bist und Wunder tust und du allein Gott bist." (Psalm 86,8-10)

Israels Gott ist unvergleichbar. Und er hat sich ein unvergleichbares Volk geformt. Die Frage ist und bleibt aktuell: Wem gebührt die Ehre? Wenn die Völker, die kommen, anbeten werden: Wen oder was werden sie anbeten? Die IT? Die Medizin? Die Rüstung?

Mit ihrer herausragenden Pole-Position, mit ihrem „weltlichen Segen" zieht das Volk Gottes wie immer Neider auf den Plan. Das wird immer so bleiben. Alle Kriege, die Israel bisher führen musste, waren „Neidkriege". Absolut nicht beneidenswert. Denn nirgends waren Segen und Fluch so eng verwoben wie im Bund Gottes mit Israel. Segen fühlt sich gut an. Fluch war immer mit allergrößten Schmerzen verbunden.

Was sich in Israels Sprache niedergeschlagen hat, ist das Resultat von leibhaftigem Erleben und vom Durchleiden schmerzhaftester Prozesse, Geburtsprozesse. Aber über allem stand und stehen wunderbare Verheißungen:

„Werdet ihr in meinen Satzungen wandeln und meine Gebote halten und tun, so will ich euch Regen geben zur rechten Zeit und das Land soll seinen Ertrag geben und die Bäume auf dem Felde ihre Früchte bringen. Und die Dreschzeit soll reichen bis zur Weinernte, und die Weinernte soll reichen bis zur Zeit der Saat. Und ihr sollt Brot die Fülle haben und sollt sicher in eurem Lande wohnen. Und ich will mich zu euch wenden und will euch fruchtbar machen und euch mehren und will meinen Bund mit euch halten. Und ihr werdet noch von dem Vorjährigen essen und, wenn das Neue kommt, das Vorjährige wegtun müssen." (3. Mose 26,3-10)

ידע

j-d-ᶜ *jadah*

Anleitung zum „Lebe leichter“

David erzählt von den verheerenden Auswirkungen von Schuld und Schuldgefühlen, die er verschweigen wollte:

„Denn da ich es wollte verschweigen, verschmachteten meine Gebeine durch mein tägliches Klagen. Darum bekannte ich dir meine Sünde, und meine Schuld verhehlte ich nicht. Ich sprach: Ich will dem Herrn meine Übertretungen bekennen.“ (Psalm 32,3.5)

„Verhehlen“ heißt im Hebräischen כסה k-s-h und meint „bedecken, heimlich halten, unerwähnt lassen, in sich verbergen, in sich halten“. Wer etwas verheimlicht, wer etwas in sich hineinfrisst, der verschmachtet. Auf Hebräisch steht hier בלה b-l-h [8] „von alten Kleidern, die in Lumpen zerfallen, abfallen, hinschwinden – vom menschlichen Körper

8 בלה b-l-h balah – Jetzt kommt man auch der Bedeutung des Ausdrucks „ballaballa“ näher, mit dem wir umgangssprachlich Menschen beschreiben, die ein wenig „verrückt sind“. „Balah“ meint in der Tat „nicht mehr auf der Höhe der Zeit sein, der den Zenit überschritten, geistig abgebaut hat und nicht mehr ‚Herr seiner Sinne‘ ist“.

im Alter = alt aussehen“. Wer Schuld verheimlicht, sieht wortwörtlich und leibhaftig „alt aus“.

David hielt das nicht aus. Er bekennt seine Schuld. Für „bekennen“ steht im Hebräischen ידע j-d-ᶜ. Das meint „innewerden, merken, durch Wahrnehmung und Reflexion erkennen, achtgeben und sich darum kümmern, kennenlernen, verstehen, wissen“. All das versteht David unter ידע j-d-ᶜ. Diesen Prozess durchläuft er bis zur Gewissheit: „Da vergabst du mir die Schuld meiner Sünde.“ (Psalm 32,5)
Dieser „jadah-Prozess“ im Einzelnen:

Innewerden:
„Innewerden“ geschieht, wenn man sich von Äußerlichkeiten weder ablenken noch jagen lässt. Das Gegenteil wäre „übersehen“ oder „ignorieren“. „Verhehlen“, was uns „alt“ macht und „alt“ aussehen lässt.

Durch Wahrnehmung und Reflexion erkennen:
„Wahrnehmen“ heißt, sehen und anerkennen, dass es Schuld gibt. Selbstrechtfertigung dafür bringt nicht weiter. Anderen die Schuld zuschieben und dafür verantwortlich machen ist zwar einfach, bringt aber nichts.

Achtgeben und sich darum kümmern:
Sich kümmern braucht Zeit und Aufmerksamkeit. Achtgeben hat etwas mit „Achtsamkeit“ zu

tun. Sich selber wegen der Schuld anzuklagen, Vorwürfe zu machen und sich zu verurteilen, ist falsch.

Kennenlernen:
Hier benutzt die Tora ידע j-d-ᶜ auch für das intime Verhältnis zweier Personen, wenn sie sich liebgewinnen und miteinander schlafen. Die Schuld nicht verdammen und verfluchen, sondern „liebgewinnen“, „umarmen“ im Sinne von „annehmen“: Sie gehört zu mir und ist kein gefährliches Virus. Das „Liebgewinnen“ der Zielverfehlung und des Scheiterns ist die hohe Kunst des Schuldbekennens!

Verstehen:
Ich versuche, mich zu verstehen, warum ich so gehandelt habe. Ich nehme mich an als der von Gott so Geschaffene. Ich strafe mich nicht, weil ich so eigenartig bin, sondern die Eigenart ist von Gott gewollt. Und nach Selbstverständnis, Selbsterkenntnis und Selbstannahme spricht Jesus: „So verdamme ich dich auch nicht; geh hin und sündige hinfort nicht mehr.“ (Johannes 8,11)

ידע j-d-ᶜ: ein heilsamer Prozess und ein sicherer Weg zum „Lebe leichter.“

נשא

n-s-h *nasah*

Schuld-los

Nachdem David seine Schuld bekannt hat, liegt es an Gott und er macht sich ans Werk. „Da vergabst du mir die Schuld meiner Sünde." (Psalm 32,5) Zunächst fällt auf: Gott vergibt „die Schuld der Sünde". Ist das ein Stilmittel? Was steckt dahinter? Was weiß David?

„Du vergabst mir die עון חטאתי „awon chatati". Das meint: Du vergibst mir die Sünde meiner Sünde. Die Schuld meiner Schuld. Mein Gott vergibt mir die Tatsache, dass ich schuldig geworden bin. Er vergibt mir nicht die Folgen der Schuld. Ich übernehme die Verantwortung der Folgen durch schuldhaftes Verhalten. So wie Mose, der nicht ins gelobte Land darf. (5. Mose 34)

So wie David, der seinen Sohn hergeben muss, den er mit Batseba gezeugt hatte (2. Samuel 12). Gott befreit uns nicht von den Konsequenzen schuldhaften Handelns. Im Gegenteil: Er fordert durch Gesetz und Propheten dazu auf, Recht zu tun und Recht wiederherzustellen. Daniel z. B. rät in diesem Sinne Nebukadnezar: „(...) mache dich los und ledig von deinen Sünden durch Gerechtigkeit und von der Missetat durch Wohltat an den Armen, so wird es dir lange wohlergehen.“ (Daniel 4,24)

Und in Jeremia 22,3 heißt es: „So spricht der Herr: Schaffet Recht und Gerechtigkeit und errettet den Bedrückten von des Frevlers Hand und bedränget nicht die Fremdlinge, Waisen und Witwen und tut niemand Gewalt an und vergießt nicht unschuldiges Blut an dieser Stätte.“ Das heißt, die Schuld, schuldig geworden zu sein, vergibt Gott. Aber dadurch wird nicht die Folge der Schuld, das Schädigen eines anderen, automatisch vergeben.

Die Tat wird vergeben! Die Folge ist nicht Gegenstand der Vergebung. Das heißt auch, die Tat, die mich zum Täter macht, erlöst mich vom „Urteil“ „Täter, Schuldiger, Sünder“ zu sein und zu bleiben. Ich bin nicht, was ich getan habe. Aber ich stehe in der Pflicht für das, was ich getan habe. Mit allen Möglichkeiten. Übrigens umfasst das hebräische Wort Schuld (חטא chatah) erstens „Sünde“ und zweitens gleichzeitig „Mittel, die Sünde zu entfernen“!

Was macht nun Gott aber mit dem Sünder? Wie „entschuldigt“ er die Schuld der Sünde? Wie wird aus dem Sünder ein Gerechter, der dann auch die richtigen Mittel einsetzt, um Recht wieder herzustellen? Die Tora benutzt hier das Wort נשא n-s-ͻ und wird übersetzt mit „heben, erheben, aufheben, nehmen, tragen (und ertragen), weggetragen werden, getragen werden und zu neuer Ehre bringen“. Auch hierin kann man wieder eine Art „Reihenfolge“ entdecken; einen „nasah-Prozess“:

Schuld aufheben, erheben, tragen:
Ich bin damit nicht allein. „Ich habe ihre Schultern von der Last befreit und ihre Hände vom Tragkorb erlöset. Als du mich in der Not anriefst, half ich dir heraus.“ (Psalm 81,7-8)

Schuld wegtragen:
Er hebt das Schwere erst mal weg. Weit weg von uns. Ins äußerste Meer. Das kann uns nicht mehr belasten. Dafür kann uns keiner mehr anklagen. Wenn Gott die Sünde wegträgt, ist sie weg.

Schuldigen aufheben:
Er beugt sich ganz tief in den Dreck. Um uns hochzuheben. Aufzuheben. Herauszuholen aus aller Schande und Verstrickung und getragen zu werden, in der Gewissheit, dass er uns nicht fallen lässt.

Zu neuer Ehre bringen:
Er steht zu uns. Begnadigte Sünder sind und bleiben seine Kinder. Um die er sich kümmert. Deren Haupt er erhebt. Die er wieder auf die Beine stellt und zu neuer Ehre bringt. Jesaja 63,8-9: „Darum war er ihr Heiland in aller ihrer Not. Nicht ein Engel und nicht ein Bote, sondern sein Angesicht half ihnen. Er erlöste sie, weil er sie liebte und Er-

barmen mit ihnen hatte. Er nahm sie auf und trug sie allezeit von alters her.“ (Vergleiche Sprüche 14,34: „Gerechtigkeit erhöht ein Volk!“)

נשא n-s-ʾ: ein heilsamer Prozess und ein sicherer Weg zum „Lebe leichter.“

פנה

p-n-h *panah*

Von Angesicht zu Angesicht

פנה p-n-h ist eigentlich das Wort für „sich wenden, um zu gehen; den Rücken zukehren". Der Pharao zum Beispiel, nachdem Mose zu ihm gesprochen hatte, „wandte sich und ging heim und nahm sich auch dies nicht zu Herzen." (2. Mose 7,23) Es kann bedeuten: „sich wenden, um zu schauen, hierhin und dorthin." Mose „schaute sich nach allen Seiten um, und als er sah, dass kein Mensch da war, erschlug er den Ägypter und verscharrte ihn im Sande." (2. Mose 2,12)

Hören die Hebräer das Wort פנה p-n-h, ist es eher ein Zustand, der Fragen aufwirft: Wenn die oder der jetzt geht, sich zurückzieht, was und wer bleibt dann für mich? Oder: Ängstliches Umherschauen, ob man von anderen beobachtet wird. Sich unter Druck und Angst befinden.

פנה p-n-h ist nun die Wurzel des Wortes פנים panim, was wiederum das „Angesicht" meint. Ist es auf einen Menschen bezogen, ist es sozusagen der „Spiegel seiner Seele". Und dieser Spiegel lässt auf seine seelische und physische Verfassung schließen, spiegelt daher seine Stimmung, Gesinnung und seinen Gesundheitszustand. Unter פנים panim kann man ein trübes Gesicht verstehen, ein verdrießliches Gesicht, mangelndes Wohlbefinden, ein düsteres, trauriges, finsteres Gesicht. In den Gesichtszügen äußert sich Beschämung und Mangel. Scham sieht man im Angesicht, wenn man sein „Gesicht verloren hat". Aber auch ein leuchtendes Angesicht, strahlend, heiter, wohlwollend, wohlgesonnen.

Wir wissen: Vieles kann unser Gesicht „entstellen" oder „erhellen" und unser Züge sagen somit eine Menge über uns aus.

פנים panim bezeichnet nun in gleicher Weise aber auch das Angesicht Gottes. Die Besonderheit: Nie zeigte sich eine Gottheit „persönlich", von „Angesicht zu Angesicht." Es ist eine Besonderheit unseres Gottes, dass er uns zu seinem Ebenbild schafft, mit seinem Gesicht!

Mose erlebt Gottes Gegenwart: „Mein Angesicht soll vorangehen; ich will dich zur Ruhe leiten." (2. Mose 33,14) Aber: Wenn jemand vorausgeht, das Gesicht nach vorne gewandt ist, und andere ihm folgen, dann kann man das Angesicht nicht sehen. Auch das bekommt Mose erklärt: „Mein Angesicht kannst du nicht sehen, denn kein Mensch wird leben, der mich sieht." (2. Mose 33,20)

Es ist ambivalent. Denn wenn man dem anderen nicht ins Gesicht schauen kann, weiß man nichts über seinen Gemütszustand. Ist er zornig, ärgerlich und abgewandt, oder ist er freundlich, wohlwollend, zugewandt?

Interessant ist auch, dass der aaronitische Segen im Konjunktiv gesprochen wird: „Der Herr segne dich und behüte dich; der Herr lasse sein Angesicht leuchten über dir und sei dir gnädig; der Herr hebe sein Angesicht über dich und gebe dir Frieden." (4. Mose 6,24-26)

Es bleibt eine gewisse Unsicherheit: Was genau steht denn Gott jetzt ins Gesicht geschrieben? Wie und was denkt oder fühlt er? In dieser Unsicherheit muss der nicht verharren, der weiß, in wem und wann Gott sein „wahres Gesicht" gezeigt hat.

Jesus sagt: „Wenn ihr mich erkannt habt, so werdet ihr auch meinen Vater erkennen." (Johannes 14,7) und „Wer mich sieht, der sieht den Vater". (Johannes 14,9)

Im Angesicht Jesu erkennen wir das Angesicht Gottes. In seinem Handeln und Denken offenbart sich für uns das Wesen Gottes. Das Angesicht Jesu war zugewandt. Von Angesicht zu Angesicht sprach er mit der Sünderin, dem Sünder, den Gesunden, den Kranken, den Armen und den Reichen. Keinem kehrte er den Rücken zu. Und indem er sein Gesicht zeigte, erblickte er auch, wo Not am Mann war. Nichts hat er übersehen. Und es wäre eine besondere Aufgabe an alle Künstler der Welt, die Gesichter derer darzustellen, die nach der Begegnung mit Jesus mit erhelltem, fröhlichem Gesicht weitergehen. Sorgenfalten haben sich geglättet. Harte Gesichtszüge haben sich erweichen lassen. Traurigkeit ist gewichen. Augenränder und Tränen sind nicht mehr.

In aller Unsicherheit, in aller Ambivalenz und in aller Zweifelhaftigkeit dürfen wir beten, glauben, wissen: „Aber du, unser Gott, bist freundlich und treu und geduldig und regierst alles mit Barmherzigkeit. Wenn wir auch sündigen, gehören wir doch dir und kennen deine Macht. (Weisheit 15,1-2)

סלה

s-l-h *Sela.*

Mach mal Pause!

Manch einer mag schon drüber gestolpert sein, über das kleine Wort „Sela“ in den Psalmen. Es ist eine Handlungsanweisung für Musiker, Sänger, Leser, Hörer und wird oft als „Pausenzeichen“ interpretiert.

Nach wichtigen Teilen in den Tagespsalmen, die im Judentum früher gebetet wurden, gab es Pausen. Während dieser Pause hörte man Priester auf Trompeten blasen, das Zeichen, sich niederzuwerfen, still zu werden. Martin Luther greift diese Tradition auf, wenn er in seiner „Deutschen Auslegung des Vaterunsers für die einfältigen Laien“ schreibt:

„So ists bei vielen Psalmen mit der Überschrift und dem Titel, dass diese Gebete, wenn sie gleich wenige Worte enthalten, dem Herzen doch Anreiz und Bewegung sind, etwas Gutes zu denken oder zu begehren. Auch sind etliche Psalmen mit dem Wörtlein ‚Sela‘ (das heißt „Ruhe“) abgeteilt, das weder gelesen noch gesungen wird. (Das geschieht) zur Ermahnung, dass man da, wo sich ein besonderes Stück im Gebet zeiget, stille halte und ruhe, den Inhalt wohl zu betrachten und die Worte so lange fahren zu lassen."

Sela meint auch „Wiederholung". Das kleine Wort ist eine Anleitung zwischen den Zeilen, wie man mit den Worten der Tora beten soll: Lies es einmal. Wenn du zu „Sela" kommst, halte inne. Werde still. Geh in dich mit diesem Wort und wiederhole es. Wiederhole es nochmal. Und werde dir gewiss, dass es in besonderer Weise zu dir spricht, was du gerade gelesen hast.

Zur Übung:

Psalm 32,7: „Du bist mein Schirm, du wirst mich vor Angst behüten, dass ich errettet gar fröhlich rühmen kann. SELA."

Man kann auch einzelne Abschnitte wiederholen: „mein Schirm", „behütet vor Angst". Oder „errettet!". Es ist wie eine Zusage. Wie, wenn ich es mir selber bekräftige. Und damit anderen, negativen Gedanken keinen Raum gebe. Die Macht der niederschmetternden Gedanken wird durch die Macht der Wiederholung ohnmächtig. Die anschließende Stille kann gut sein, um es in sich nachklingen zu lassen, was man sich zugesagt hat bzw. hat zusagen lassen.

Eine Herausforderung ist Sela z.B. in Psalm 3,3: „Viele sagen von mir: Er hat keine Hilfe bei Gott. SELA." Es ist ein Morgenlied Davids, als er auf der Flucht war. Was kommt in der Stille auf, wenn man sich dieser Frage aussetzt? „Keine Hilfe bei Gott." David fährt fort mit einem „Aber". „Aber du, Herr, bist der Schild für mich, du bist meine Ehre und hebst mein Haupt empor." Das betet er, weil er in der Stille entdeckt hat: Gott ist meine Hilfe! Er war schon so oft meine Hilfe! Er hat mich noch nie enttäuscht und verlassen. Am Ende hat er sich immer meiner Sache angenommen. Stille aushalten, um Antworten zu finden, die im Erfahrungsschatz gesammelt sind!

(Weitere Psalmverse mit Sela:
Psalm 5,9; 4,3.5; 7,6; 9.17.21; 20,4; 21,3; 24,6.10; 32, 4.5.7; 39, 6.12; 44, 9; 46,4.8.12; 47,5; 48,9; 49,14.16; 14,4.6.9; 143,6 usw.)

חנה

h-n-h 🗣 *chanah*

Beugen und beten

Die Wurzel חנה h-n-h bedeutet:
1. sich beugen, neigen
2. sich niederlassen, das Zelt aufschlagen, sich lagern (von Kriegsheeren)

Elie Wiesel erzählt: „Im Königreich der Nacht nahm ich an einem sehr merkwürdigen Prozess teil. Drei fromme und gelehrte Rabbiner hatten beschlossen, über Gott zu Gericht zu sitzen wegen des Blutbades unter seinen Kindern. In erregter Diskussion erhoben sie verbittert Anklage gegen Gott, der sein Volk dem Vergessen und somit den Mördern anheimgegeben habe; Gott komme seinen Bundesverpflichtungen gegenüber den Juden auf sträfliche Weise nicht nach. Nach dem Prozess, in dessen Verlauf Gott schuldig gesprochen wurde, sagte einer Rabbiner in Anbetracht der untergehenden Sonne, es sei Zeit zum Gebet. Und sie senkten ihre Köpfe und beteten.“ [9]

---

9 Elie Wiesel, in: Olaf Schwenke (Hg.): Erinnerung als Gegenwart. Elie Wiesel in Loccum, Evangelische Akademie Loccum, 1987, S. 117-119 (gekürzt)

Darf man Gott anklagen? „Ja, wir dürfen", sagt Elie Wiesel. „Abraham hat es getan, Moses und Hiob haben es getan, der Talmud ist voll von Rabbinern, die gegen Gott protestiert haben."

Eine starke Anklage gegen Gott führt David ins Gericht: „Mein Gott, mein Gott, warum hast du mich verlassen?" (Psalm 22,2) Und wir wissen, dass genau mit diesen Worten Jesus selbst anklagend betete. „Eli, Eli, lama asabhtani?" Auch in Psalm 10,1 lesen wir von einer Anklage: „Herr, warum bleibst du so fern, verbirgst dich in Zeiten der Not?".

Nicht nur Elie Wiesel, die ganze Bibel erzählt davon, dass wir klagen, anklagen dürfen. Und – dass Gott selbst als Angeklagter dem standhält. Dass er sich verteidigen kann und seine Allmacht und Liebe unter Beweis stellt. Dass er sich von dieser Anklage nicht unterkriegen lässt, sondern sich geradezu herausfordern lässt, zu handeln. Göttlich zu handeln. So wie es in Jesaja 54,7 und 8 zu lesen ist: „Ich habe dich einen kleinen Augenblick verlassen; aber mit großer Barmherzigkeit will ich dich sammeln. Ich habe mein Angesicht im Augenblick des Zorns ein wenig vor dir verborgen, aber mit ewiger Gnade will ich mich dein Erbarmen, spricht der Herr, dein Erlöser ..."

In der Zeit, wo Gott fern scheint, wo er uns scheinbar verlassen hat, wo er abwesend ist, dürfen wir Gott verklagen, anklagen! Ja, hart mit ihm ins Gericht gehen. Der Mystiker Johannes vom

Kreuz nennt die Erfahrung des abwesenden Gottes die „dunkle Nacht der Seele".

Übrigens: Die meisten Psalmen sind Klagelieder des Einzelnen, hebräisch תְּחִנָּה, tehinna. Aber in diesem hebräischen Wort steckt das Wort חנה chanah. Und das heißt eigentlich „sich beugen".

Denn das lehrt uns die Erzählung von Elie Wiesel: Nach der Anklage, nach dem harten Urteil – Köpfe senken und beten. Das ist nichts anderes, als sich beugen. Und den allmächtigen Gott wertschätzen.

Elie Wiesel hatte eine interessante Philosophie oder vielmehr ein Glaubensbekenntnis: „Man kann das Ereignis niemals mit Gott begreifen, man kann das Ereignis (aber auch) nicht ohne Gott begreifen."

In diesem Sinne: Lasst uns die Köpfe beugen und beten.

Psalm 84,2-3: „Wie lieblich sind mir deine Wohnungen, Herr Zebaoth! Meine Seele verlangt und sehnt sich nach den Vorhöfen des Herrn, mein Leib und Seele freuen sich in dem lebendigen Gott."

Psalm 84,5: „Wohl denen, die in deinem Hause wohnen; die loben dich immerdar."

שלח

s-l-h *schalach*

Die Kunst des Loslassens

Die Juden haben ein wunderbares Ritual, um das neue Jahr frei anzugehen. Loslassen von allem Alten! Dabei gilt es, tief in die Tasche zu greifen!

Und dabei stellt man fest, was da in der Tasche so drin ist. Oder was sich darin abspielt. Ganz oft ballen sich die Fäuste in der Tasche. Ganz oft wirtschaften wir in die eigene Tasche und werden vor Geiz, Gier und Angst gar nicht mehr glücklich und haben deshalb Stacheldraht vor der Tasche. Ganz oft sind die Dinge in der Tasche, die wir uns in die eigene Tasche gesteckt haben ... und dabei sind wir schuldig geworden. Und können mit der Schuld nicht leben. Ganz oft geht einem das Messer in der Tasche auf ... vor so viel Wut, so viel Enttäuschung, so viel Ohnmacht ... Ganz oft sind in der Tasche Lügen. Weil wir uns so oft in die Tasche lügen. Bei vielem haben wir den Eindruck „linke Tasche, rechte Tasche; rechte Tasche, linke Tasche", also das Gefühl, was wir tun, sei sinnlos. Es ist seltsam und interessant zugleich, wie die Tasche unser Leben bestimmt oder auch widerspiegelt – auch sprachlich, in Redensarten und in Sprichwörtern.

Der deutsche Begriff „Tasche“ meint einen Behälter, der z. B. in der Hand, an Riemen, an oder in der Kleidung getragen werden kann. Woher das Wort genau kommt, ist unklar. Im Hebräischen gibt es ein Wort, das zumindest vom Klang her ähnlich ist: שלח sch-l-ch, dessen Grundbedeutung heißt, das Fell, die Haut abziehen, denn früher waren solche Behälter aus abgezogener Tierhaut. Davon abgeleitet übersetzt man es mit „loslassen, freien Lauf lassen, entlassen, nicht zurückhalten, schicken, senden, wegwerfen“.

שלח sch-l-ch ist enthalten in einem hebräischen Wort, das noch viel mehr an „Tasche“ erinnert: „Taschlich“. Es bezeichnet ein sehr wichtiges Ritual zu Beginn des neuen Jahres:

Am Nachmittag des ersten jüdischen Neujahrsfestes, Rosh ha-Shanah, geht man nach dem Mincha-Gebet an einen Fluss, ans Meer, an einen See, Teich oder an eine Quelle. Wenn kein Gewässer erreichbar ist, nimmt man einen Behälter mit Wasser zu Hause und leert seine Taschen aus. Man leert symbolisch alles, was da drin ist, ins Wasser. Man befreit sich von der Last und dem Bösen, von dem, was man so schwer wie Blei mit sich herumschleppt. Und so geht man in eine neue Zeit, in ein neues Jahr. Frei vom Ballast der vergangenen Tage, des alten Jahres.

„Taschlich“ (wörtlich: „du wirst werfen“) ist auch das erste Wort, das bei dieser Zeremonie gelesen wird. Es steht in Micha 7,19: „Du wirst all unsere Sünden in die Tiefen des Meeres werfen."

Könnten Sie sich vorstellen, heute noch, die Taschen im eigentlichen, wortwörtlichen Sinne auszuleeren? Wegwerfen, loslassen, es versenken zu lassen durch Gott? Und dann frei zu werden für das Neue, das kommt! Das tut im Namen Jesu!

Machen Sie doch das Gebet aus Micha 7,18-19 zu Ihrem eigenen:

„Wo ist solch ein Gott, wie du bist, der die Sünde vergibt und erlässt die Schuld denen, die geblieben sind als Rest seines Erbteils; der an seinem Zorn nicht ewig festhält, denn er hat Gefallen an Gnade! Er wird sich unser wieder erbarmen, unsere Schuld unter die Füße treten und alle unsere Sünden in die Tiefen des Meeres werfen." Amen.

סבב

s-b-b *sawaw*

Bewegungsspielraum dank festem Halt

Die Wurzel סבב s-b-b hat folgende Bedeutungen:
1. umhergehen, sich wenden, Rand, Umfassung
2. sich wenden, drehen, von einer Türe, Türflügel

Im Arabischen bedeutet סבב auch Seil. Denn nur, was und wer angebunden ist und Rückhalt hat, hat Spielraum!

Ein interessanter Gedanke: Nur was und wer einen festen Halt hat, wie eine Türe im Scharnier, kann sich frei bewegen. Nur mit klarer „Umfassung“ kann man sich drehen und wenden, wie man will.

Von Natur aus würden wir die Freiheit, sich bewegen zu können, nicht mit einem festen Dreh- und Angelpunkt verbinden. Wenn schon frei, dann wirklich frei: losgelöst, „emanzipiert“ von allem, was bindet und von allem, was festhält.

Apropos „emanzipieren“: Das lateinische Wort emancipatio besteht aus drei Teilen: e = aus, manus = Hand, capere = nehmen. Als mancipatio wurde im römischen Recht ein Übertragungsakt bezeichnet: zur Veräußerung von Sklaven und wertvollen Gegenständen. Ein pater familias, Familienoberhaupt, konnte mit einer mancipatio seine väterliche Gewalt über einen Sohn oder eine Tochter an einen Dritten übertragen und diesem das Kind damit in Dienst geben. E-mancipatio war dann die Entlassung „aus" der väterlichen Gewalt in die Selbständigkeit.

Das Volk Israel war oft versucht, sich zu emanzipieren. Aus der Hand Gottes zu lösen. Und es scheint, als ob Gott alle Versuche „ertragen" hat. Mit väterlicher Geduld. Auch der verlorene Sohn wird vom Vater in seine Emanzipation entlassen. Der Vater erträgt es. Doch der Sohn merkt, dass er „e-manu-dei" nicht zurechtkommt. Der Sohn hängt am Vater. Und das ist sein Bewegungsspielraum: Er kann sich zurückbewegen. Die feste Verbindung kann menschlicherseits gelöst werden, von Gottes Seite wird das nicht geschehen, auch wenn er es könnte.

Von einer solchen festen Verbindung weiß David: „Meine Seele hängt an dir; deine rechte Hand hält mich." (Psalm 63,9)

Verbunden mit der Hand Gottes (die *rechte* Hand ist symbolisch für den Allmächtigen), gehalten, wird Raum und Weite möglich! So heißt es in Psalm 18: „Du gibst mir den Schild deines Heils, und deine Rechte stärkt mich, und deine Huld macht mich groß. Du gibst meinen Schritten weiten Raum, dass meine Knöchel nicht wanken." (Psalm 18,36-37)

Asaf betet in Psalm 73: „Dennoch bleibe ich stets an dir; denn du hältst mich bei meiner rechten Hand." (Psalm 73,23)

Uns kommt das Angebundensein an Gott oft als Gängelung vor. Wie ein Hund an der kurzen Leine. Auch Gebote und Gesetze interpretieren wir in unserem Kulturkreis oft als Eingriff in unsere Freiheit. Als Beschneidung. Als Fessel. Interessant ist, dass es im Volk Israel und seiner Geschichte mit Gott nie ein Murren oder eine Auflehnung gegen die vielen Gesetze und Gebote gab. Sondern man wusste: An diesen hängt unser Segen, unser Überleben. Durch sie ist Freiheit möglich, weil ein fester Rückhalt da ist. Klar, es gab Übertretungen, es gab Schuld. Aber ein echtes Murren darüber gibt es in den Überlieferungen nicht. Murren über den Auszug aus Ägypten, ja. Murren über Manna, ja. Murren über vieles. Aber nicht über die 10 Gebote und weitere Gesetze. Sie sind wie ein Dreh- und Angelpunkt.

Vielleicht lässt sich das Angebundensein an Gott auch wie in einem Naturphänomen als „Anziehungskraft" beschreiben. Wir wissen aus der Astrophysik: Die Erde dreht sich um sich selbst. Sie dreht sich um die Sonne. Und die Sonne dreht sich und bewegt sich. Dabei hält die Anziehungskraft der Sonne die Erde fest wie an einer langen Leine. Genauer gesagt: einer fast 150 Millionen

Kilometer langen Leine. So groß ist der Abstand, in dem die Erde um die Sonne kreist. Egal, wie groß der Abstand zu Gott „gefühlt" ist: Seine Anziehungskraft hält uns. So können wir unsere Bahnen laufen.

Paul Gerhardt dichtet: „Der Wolken, Luft und Winden gibt Wege, Lauf und Bahn, der wird auch Wege finden, da dein Fuß gehen kann."

Und Helga Winkel formuliert in ihrem Lied: „Herr, weil mich festhält deine starke Hand, vertrau ich still. Weil du voll Liebe, dich zu mir gewandt, vertrau ich still. Du machst mich stark, du gibst mir frohen Mut, ich preise dich, dein Wille, Herr, ist gut."

Wir brauchen einen festen Halt, und wir brauchen Gott, der uns hält, damit wir Bewegungsspielraum haben!

חטא

h-t-ɔ 🗣 *chatah*

Ziel verfehlt!

Wenn ein Jäger im alten Orient sein Ziel verfehlte, sagte man dazu חטא h-t-ɔ. Vorbeigeschossen, nicht getroffen. Daneben.

חטא h-t-ɔ ist das Wort für Sünde. Sünde meint im tieferen Sinne „das Ziel verfehlen". Für einen Jäger ist das eine schlimme Sache: denn er jagt ja, um Beute mit nach Hause zu nehmen, mit der er dann seine Familie satt bekommt. Oder mit der er zu etwas Geld oder Tauschgütern kommt. Wenn er aber nichts mitbringt, dann ist das zum einen existenzbedrohend und zum anderen gilt er als Versager. Als Taugenichts.

In unserem Denken ist Sünde etwas Frevelhaftes, etwas zu Verabscheuendes. Sünder müssen gebrandmarkt werden. Sie müssen entlarvt werden. Sie müssen bestraft werden. Wer sündigt, ist ein Sünder. Und er wird als solcher ge- und bezeichnet. Seine Tat macht ihn zum Täter. Zum Übeltäter. So ist unser Denken von der Sprache geprägt, bzw. umgekehrt: Wer stiehlt, ist ein Dieb und sonst nichts mehr. Wer mordet, ist ein Mörder. Und bleibt dies umfänglich. Wer lügt, ist ein Lügner. Unsere Persönlichkeit, unser Wert wird durch unser Tun bestimmt. Übrigens: Das Wort Sünder – abgeleitet von חטא h-t-ʾ – gibt es in der Tora nur etwa eine Handvoll mal! Sünde tun, zur Sünde verleitet zu werden – ja, das gibt es häufig. Aber den Menschen existenziell als Sünder zu bezeichnen – das verbietet sich fast von selbst.

Interessant ist nun aber, das חטא h-t-ʾ nicht nur die Sünde bezeichnet, sondern auch die Reinigung! חטא ist die Sünde und חטא ist „das Mittel zur Reinigung von Sünde". Mehr noch: Es meint, das Verlorengegangene zu ersetzen.

Wir denken bei Sünde und Sündern an hoffnungslose Fälle. Aber im Denken der Tora gibt es Sünde ohne gleichzeitige Reinigung und Erlösung von Sünde, auch von „Wiedergutmachung" nicht. Die Sünde hat keinen Alleinanspruch. Bleibt nicht als letztes Wort bestehen. Sünde ist nur die eine Hälfte – die andere ist die Reinigung und Bereinigung! Sünder sind nicht in alle Ewigkeit verdammte und gebrandmarkte Sünder. Sondern ebenfalls Gereinigte! Bei Sündern ist Luft nach oben! Entfaltungsfreiraum! Ein Fleck auf dem Hemd macht nicht den Hemdenträger fleckig. Dreck am Stecken macht nicht zum „Dreckskerl".

Von diesem Zusammenhang Sünde - Reinigung lesen wir in Jesaja 1,18: „Wenn eure Sünde auch blutrot ist, soll sie doch schneeweiß werden, und wenn sie rot ist wie Scharlach, soll sie doch wie Wolle werden."

Blutrotes wird gereinigt zu Schneeweißem! Ein Reinigungsprozess, der in der חטא h-t-ᵓ angelegt ist! Wenn sie rot ist wie Scharlach, soll sie doch wie Wolle werden. Den Begriff „Scharlach" verwenden wir heute v.a. für eine durch ein Bakterium ausgelöste Krankheit. Scharlach ist nicht eine Eigenart, ein Charakterzug, ein Persönlichkeitsmerkmal des Menschen! Scharlach lässt sich beseitigen – durch Reinigung des Patienten vom Bakterium.

Und dieser Aufgabe hat sich der Erlöser und der Herr als Arzt verschrieben: „Aber mir hast du Arbeit gemacht mit deinen Sünden und hast mir Mühe gemacht mit deinen Missetaten. Ich, ich tilge deine Übertretungen um meinetwillen und gedenke deiner Sünden nicht." (Jesaja 43,24-25)

Unsere Zielverfehlung, die חטא h-t-ᵓ, mag zur Folge haben, dass wir die „Herrlichkeit, die Gott ihnen zugedacht hat" (Römer 3,23) verloren und vertauscht haben, aber die „Ebenbildlichkeit Gottes" verliert keiner von uns zu keiner Zeit und durch nichts!

Sünde ist kein hoffnungsloser Fall. Denn darin liegt die Chance, so wie es das Gebet von David hoffnungsvoll zum Ausdruck bringt: „Wasche mich von meiner Missetat, und reinige mich von meiner Sünde, denn ich erkenne meine Missetat, und meine Sünde ist immer vor mir. Entsündige mich mit Ysop, dass ich rein werde; wasche mich, dass ich schneeweiß werde." (Psalm 51,4-5)

שפט

s-f-t *schaphat*

Aufrichter statt Scharfrichter

Das Schafott, ein sogenanntes „Blutgerüst", war eine bühnenartige Erhöhung, auf der öffentliche Enthauptungen stattfanden, damit es viele sehen und verfolgen konnten. Dadurch wollten die Machthaber und Mächtigen ihre Macht demonstrieren und andere davor abschrecken, Verbrechen zu begehen. Solche Hinrichtungsspektakel hatten zudem einen hohen Unterhaltungswert. Zunächst wurde zur Enthauptung durch den Scharfrichter ein Schwert oder Beil benutzt, später dann auch das sogenannte „Fallbeil".

Für uns ist klar: Wer ein Verbrechen begangen hat, ist ein Verbrecher. Und er ist dementsprechend zu behandeln und „gnadenlos" zu verurteilen. „Kopf ab!" „Köpfe müssen rollen!"

Im Hebräischen gibt es ein Wort, das sehr ähnlich klingt und noch dazu inhaltlich ganz nah dran ist: שפט s-f-t – verurteilen, richten. Es heißt aber nicht in erster Linie, strafrechtliche Delikte festzustellen und auf Grund dieser Feststellung zu (ver)urteilen, sondern im hebräischen sind richten und helfen, Richter und Helfer Parallelbegriffe. Richten meint helfen. Dem Geschädigten und dem Schädigenden zum Helfer werden! Nicht scharfrichterliches Handeln, sondern höchstrichterliches In-Ordnung-Bringen, das Wiederherstellen von Shalom.

David betet in Psalm 35,24: „Herr, mein Gott, verhilf mir zum Recht nach deiner Gerechtigkeit, dass sie sich nicht über mich freuen."

Der Unrecht erlitten und Unrecht getan hat, wendet sich an den wiederherrichtenden Helfer, den helfenden Aufrichter und bittet ihn um Hilfe. Wichtiger als die Selbstrechtfertigung ist die Bitte um Prüfung, Überprüfung: „Prüfe mich, Herr, und erprobe mich!" Das ist das Eingeständnis: ich begebe mich gerne auf den Prüfstand vor dir, höchster Richter, denn ich will wissen, ob ich vor dir und Menschen richtig liege und im Recht bin. Oder ob es ein „Hinrichten", „Aufrichten", „Herrichten" braucht durch dich, Gott! Dabei weiß David: Gott „rafft seine Seele nicht hin" (Psalm 26,9), sondern er erlöst und ist gnädig! (Psalm 26,11)

„Lass sie nicht sagen in ihrem Herzen: ‚Da da! Das wollten wir.' Lass sie nicht sagen: ‚Wir haben ihn verschlungen.'" (Psalm 35,25) David hat es mit der Meute derer zu tun, die sich über ihn und sein Versagen lustig machen. Die lautstark fordern: „Sein Kopf muss rollen!"

Er aber weiß: Sein Gott, sein Richter ist Helfer, und nicht Scharfrichter und Henker!

Zugegeben: Einmal musste ein Kopf rollen – in Jesus Christus auf Golgatha! Ein höchstrichterliches Urteil, von dem alle, auch die, die ihn verurteilt haben, profitiert haben. Denn dieser rollende Kopf von Christus hat unseren Kopf gerettet. Und keiner hat mehr das Recht, uns zu enthaupten. Im Gegenteil, das höchstrichterliche Urteil heißt: Du bist frei! Und du darfst leben! Und du darfst mit erhobenem Haupt auf deinem Lebensweg heiter weiterziehen! Der höchste Richter hat dich freigesprochen, erlöst und befreit! Er hat ein höchstrichterliches, nicht mehr revidierbares Urteil gefällt: Du bist frei! Und in Christus bist du recht!

Lange Jahre hat man uns Angst gemacht vor Gott, dem höchsten Richter. Wenn man aber aus der Tora weiß, dass der Richter der Helfer ist, der „Hinrichter", der „Aufrichter", ein „Zurechthelfender", sollte man dann Angst machen und Angst haben vor IHM?

David sagt: „Von dem Herrn kommt es, wenn eines Mannes Schritte fest werden, und er hat Gefallen an seinem Wege. Fällt er, so stürzt er doch nicht; denn der Herr hält ihn fest an der Hand." (Psalm 37,23-24)

ראה

r-ʾ-h raah

Angesehen!

Hagar, die Nebenfrau von Abraham, Saras „Konkurrentin“: Sie ist der Inbegriff von erlebter und erlittener Demütigung. Beleidigung. Rücksichtslosigkeit, Unverschämtheit, Frechheit, Anmaßung, Gemeinheit, Beschimpfung, Entrechtung, Schmähung, Erniedrigung, Missachtung, Anfeindung, Schmach, Verleumdung und Verletzung! Ihr bleibt nur ein Weg: mit all dem Wüsten in die Wüste. So, wie später auch der Prophet Elia: ab in die Wüste und dem Leben dort ein Ende setzen! In höchstem Maße suizidgefährdet! (1. Könige 19) Hagar – eine Frau. Elia – ein Mann. Beide haben ein Wüstenproblem. Ein Existenzproblem. Ein Überlebensproblem. Wie bis heute: Überlebenskämpfe bei Mann und Frau!

Mitten im Wüstenüberlebenskampf dann die Erfahrung: Gott ist da! Am Ende der Welt. Am Ende meines Lebens: Gott ist da! Und das Versprechen eines Engels aus heiterem Himmel: „Der Herr hat dein Elend erhört.“ (1. Mose 16,11) Ist das das Ende der Geschichte? Hagar bekennt: „Du bist ein Gott, der mich sieht. Denn sie sprach: Gewiss hab ich hier hinter dem hergesehen, der mich angesehen hat.“ (1. Mose 16,13)

ראה r-ʾ-h bedeutet im Hebräischen „sehen, ansehen, besehen, Wahrnehmen durch die Sinne, den Verstand, das Empfinden des Herzens und gesehen werden; etwas ansehen lassen, jemand ansehbar machen“.

„Du bist ein Gott, der mich sieht.“ Dieses Sehen mein im Hebräischen mit allen Sinnen wahrnehmen, mit dem Herzen und mit dem Verstand. Mein Gott nimmt wahr, wenn ich auf der Flucht bin wie Hagar und mit wüsten Umständen zu kämpfen habe. Auch heute sind viele Menschen auf der Flucht. Gott schaut nicht nur zu. Er empfindet! Und er hat eine Armee von Engeln zur Verfügung, von denen jeder einzelne eine Hagar-Botschaft hat: „Der Herr hat dein Elend gehört“.

Übrigens ist das kein einmaliges „Hagar-Erlebnis“. Auch von Abraham, nach seiner Versuchung, wird erzählt: „Und Abraham nannte die Stätte ‚Der Herr sieht‘. Daher man noch heute sagt: Auf dem Berge, da der Herr sieht.“ (1. Mose 22,14)

Und Gott selbst bezeugt von sich gegenüber Mose: „Ich habe das Elend meines Volks in Ägypten gesehen und ihr Geschrei über ihre Bedränger gehört; ich habe ihre Leiden erkannt. Und ich bin herniedergefahren, dass ich sie errette ...“ (2. Mose 3,7-8)

Ebenso erfährt es Joahas: „Aber Joahas flehte zum Herrn und der Herr erhörte ihn; denn er sah den Jammer Israels an, wie der König von Aram es bedrängte. Und der Herr gab Israel einen Retter ..." (2. Könige 13,4-5)

„Das kann sich sehen lassen!" Wenn mir das leise oder laut über die Lippen kommt, bin ich stolz auf etwas. Wenn es jemand über mich sagt, macht mich das mutig und stark. Wir erfahren: Gott sieht uns und wir können uns sehen lassen! Und es gilt nicht nur Hagar und wird nicht nur an einer Stelle in der Bibel gesagt (1. Mose 16,13). Es gilt auch für mich und wird an vielen Stellen meines Lebens erfahrbar.

Im hebräischen Wort ראה r-ʾ-h liegt eine Zukunftsperspektive: „Du kannst dich sehen lassen." Du wirst „vorzeigbar" sein. Das ist der Grund, warum Gott mich ansieht: In seinen Augen kann ich mich sehen lassen! Er schaut mir gerne hinterher. Ich bin für ihn „ansehnlich". Attraktiv. Wunderbar geschaffen. Sehnlichst ansehen – das tut Gott jeden Augenblick! Und wenn nach einer Wüstenzeit nichts mehr ansehnlich erscheint: Der Schein trügt! Ein Schein liegt über mir, ein „heiliger" Schein. Für jede fremde Macht ist meine Würde unantastbar. Denn nichts kann uns scheiden von der Liebe Gottes!

Beachte: auch in ראה r-ʾ-h befindet sich in der Mitte das Aleph! Die Gegenwart, die Präsenz Gottes im Sehen! (vergleiche Kapitel „Die Repräsentanz Gottes" auf Seite 13)

אמץ

ʾ-m-s *imez*

Ermutigt und macht stark!

Das hebräische Wort אמץ ʾ-m-s hat folgende Bedeutungen:

1. festigen, wankende Knie, Kraft entfalten, stark, mutig machen
2. großziehen, ein Kind
3. ein Haus restaurieren

Festigen, Haus, Knie. Was geht da im jüdischen Denken vor sich? Haus meint immer auch Familie. In einem Haus toben Kinder. In meinem Elternhaus sind Erinnerungen an die Kindheit und das Großwerden verortet. Ein Haus bietet Schutz zum groß und stark werden. Ein sicheres Zuhause ist für jedes Kind – das wir alle waren (und bekanntlich steckt das Kind noch in uns allen!) – die beste Grundlage für Stärke, Kraft und Mut!

Das Haus als Rückzugsort, als sicherer Zufluchtsort, als Zuhause, dem Ort der Geborgenheit, angstfreie Zone. Ein verfallenes Haus hingegen ist offen für jeden. Es kann eindringen, wer will. Die Angst macht sich breit. Bewohner verlässt der Mut. Restaurieren, אמץ ʾ-m-s meint, die Sicherheit wieder herzustellen. Dem Vertrauen

Räume geben. Alles wieder herrichten, damit das Haus, die eigenen vier Wände, Schutz, Sicherheit und Geborgenheit geben. Wer aus dem Haus geht, geht ermutigt, dankbar, stolz und mit erhobenem Haupt!

Ein Kind großziehen heißt, es selbstbewusst zu machen, ihm Selbstvertrauen zu geben, Selbstsicherheit zu vermitteln. Von selbst hat ein Kind dies nicht. Zunächst wird es getragen, dann lehnt es sich an, dann lernt es laufen. Immer alles mit Unterstützung eines Ermutigers. Die Eltern, Mama und Papa, sind die Ermutiger. Die helfen, dass sich die Kraft des Kindes entfalten kann, dass die Kraft in die richtigen Bahnen gelenkt wird, dass es zunimmt an Stärke und Mut. An der Hand von Papa und Mama wird ein Kind voll guten Mutes!

Knie sind Ausdruck für Kraft oder Schwäche! Der Ausdruck „wankende Knie“ ist ein Synonym für große Angst. Wer Angst hat, dem schlottern die Knie. Die Tora ist voll von Amaz-Ermutigungen, z.B. in Jesaja 35,3: „Stärket die müden Hände und macht fest die wankenden Knie!“

Interessant, dass dies eine Aufforderung ist, nicht eine Zusage in der Art: „Ich stärke deine wankenden Knie“, sondern: „Macht fest die wankenden Knie!“ Es scheint in unsere Verantwortung gelegt zu werden, aus schlotternden, wankenden Knien feste Knie zu machen! Dazu brauchen wir einander: um Kinderknie stark zu machen, um verfallene, trostlose Orte wie ein

Haus zu restaurieren, um einen Mut-Ort daraus zu machen, einen Kraft-Ort! Und wir brauchen einander, um miteinander wankende Knie zu stärken und Schritte zu festigen. So wie es Josua erlebt hat, dem Ermutigung zugesprochen wurde:

„Und gebiete dem Josua, dass er getrost und unverzagt sei; denn er soll über den Jordan ziehen vor dem Volk her und soll ihnen das Land austeilen, dass du sehen wirst." (5. Mose 3,28)

Ich persönlich bin vielen Menschen dankbar, die als Weggefährten zu Ermutigern, zu Mut-Gebietern wurden! Die der Angst den Wind aus den Segeln genommen haben. Die mich als Kind, als Heranwachsenden, als Erwachsenen ermutigt haben und mich wieder auf die Füße gestellt haben. Dass ich mit sicheren Schritten mutig und ermutigt fortschreiten konnte. Wir brauchen einander. Und ich selbst bin gerne ein „Amaz", ein Ermutiger, ein Starkmachender für andere. Wir brauchen einander!

Ein Ermutigungstrost: Wir brauchen die Kraft für das „gegenseitig stark und mutig machen" nicht aus uns selbst zu schöpfen, sondern dürfen uns von Gott Ermutigung zusprechen lassen:

„Siehe, ich habe dir geboten, dass du getrost und unverzagt seist. Lass dir nicht grauen und entsetze dich nicht; denn der Herr, dein Gott, ist mit dir in allem, was du tun wirst." (Josua 1,9)

אמר

ʾ-m-r *amar*

Zu Befehl!

Das Verb אמר ʾ-m-r bedeutet:
1. sprechen
2. denken
3. befehlen

Gleich am Anfang der Tora, in 1. Mose 3, kommt die volle Bedeutung von אמר ʾ-m-r zum Vorschein. Ein hochspannender Dialog!

Zunächst ist es ʾ-m-r, das Sprechen der Schlange mit Eva: „Aber die Schlange war listiger als alle Tiere auf dem Felde, die Gott der Herr gemacht hatte, und sprach zu dem Weibe: Ja, sollte Gott gesagt haben: ...“ (1. Mose 3,1) Und das Sprechen ist ein Hinterfragen, ein Infragestellen. Eva lässt sich durch das Sprechen der Schlange zu einem gefährlichen Gespräch verführen. Zunächst kann sie mitsprechen. Sie hat noch Argumente. Je länger, je mehr, gehen ihr diese aber aus.

Aus dem Dialog wird dann ein Selbstgespräch: „Und das Weib sah, dass von dem Baum gut zu essen wäre und dass er eine Lust für die Augen wäre und verlocken, weil er klug machte ...“ (1. Mose 3,6) Ein Selbstgespräch, das sich zwischen den Augen und dem Herzen abspielt. In sich gekehrt sieht sie, hört sie sich und greift dann zu: „Und sie nahm von der Frucht und aß …“ Das Selbstgespräch ist fatal und noch nicht mal mit ihrem Mann, „der bei ihr war“ (1. Mose 3,6), redet sie. Das Selbstgespräch führt zu einer Entscheidung und zu einem Befehl: „Hand: greif zu! Zähne: beißt zu!“ Und sie nahm von der Frucht und aß.

Was Gott Adam vorwirft, ist, dass er kleinlaut dem Befehl seiner Frau beigegeben hat: „Weil du gehorcht hast der Stimme deines Weibes…“ (1. Mose 3,17) Aus dem Gespräch wird ein Befehl Gottes. Er weist die Menschen aus dem Garten Eden aus und befiehlt den Cherubim, mit flammenden, blitzenden Schwertern den Weg zum Baum des Lebens zu bewachen. (1. Mose 3,23-24)

Ein Gespräch kann zum Verhängnis werden! Interessant, wie in der Tora Gesprächskultur und Gesprächsverlauf unter die Lupe genommen wird. Das ist zunächst das Miteinandersprechen, das auch beinhaltet, in Frage gestellt zu werden. Dann der Gesprächsabbruch. Und das sich Zurückziehen in sich selbst, um im Selbstgespräch seine Haltung, seine Meinung zu finden und zu überdenken. Dabei die Manipulation durch das vorangegangene Gespräch. Und zum Schluss die Kategorie des Befehls! Fazit: Lass deine Gedanken nicht über dich herrschen und bestimmen, sondern behalte die Zügel in der Hand und befehle, was die Gedanken dürfen und was nicht. Herr der Sinne sein und bleiben!

Immer wieder wird in der Tora von Selbstgesprächen erzählt und gewarnt, z.B. in Psalm 10. Da beginnt es in Vers 6 mit: „Er spricht in seinem Herzen: ‚Ich werde nimmermehr wanken, es wird für und für keine Not haben.'" Und diese Selbstgespräche nehmen Züge an, die besser niemand mitbekommt: „Sein Mund ist voll Fluchens, voll Lug und Trug; seine Zunge richtet Mühsal und Unheil an." (Vers 7) Und schließlich mündet es in ein Befehlen, in diesem Fall ein Gott Anbefehlen der Situation: „Die Armen befehlen es dir." (Vers 14)

Das Befehlen bei אמר amar meint nicht die Befehle Gottes, sondern meint das Befehlen des Menschen. Es steht also in unserer Macht, zu befehlen! Klar zu formulieren, was passieren soll und darf, bzw. was nicht gewünscht ist. Befehlsgewalt! Nicht zu delegieren! Sich nicht von der Schlange beeinflussen und hinterfragen, instrumentalisieren lassen. Selbst ist der Mensch!

Aber, wer bei אמר genau hinschaut, entdeckt wiederum das Aleph. Und das Aleph repräsentiert die Gegenwart Gottes! Wenn wir unseren Gedanken, unseren Sorgen, unseren Nöten und Ängsten befehlen, ist Gott gegenwärtig. Ja, er ist auf unserer Seite!

חלל

h-l-l *chalal*

Nach wessen Pfeife tanzen wir?

Die Wurzel חלל h-l-l deutet darauf hin, dass eine Leere entsteht, etwas fehlt. Ein profanes Wort ist chalil, die Flöte – in einem Stück Holz ist eine Leere, die Töne hervorbringt. Aber chalal ist auch der leere Raum, der Weltraum. Der Weltraum ist leer von Leben. Chalal ist auch der Gefallene, der Getötete, auch der Tote ist leer von Leben. Chilul ist das Entweihen, das Entleeren von Heiligem. Chilul haschem bedeutet Gotteslästerung. Chilul schabbat ist die Entweihung des Schabbats.

Beim Getöteten handelt es sich um einen Menschen, der des Heiligen, der Seele, des Odems Gottes entleert wurde. Weil in der Leiche nichts Heiliges mehr ist, ist sie unrein und ein Kohen, ein jüdischer Priester, darf keinen Toten berühren und keinen Friedhof betreten. Beim Kruzifix hängt ein chalal am Kreuz. Gerade in protestantischen Kirchen findet man häufiger ein Kreuz ohne Korpus – quasi doppelt chalal.

Die Tora beantwortet eine Frage, die oft gestellt wird: Gibt es noch anderes Leben außer dem hier auf der Erde? Gibt es noch andere Lebewesen, Aliens oder dergleichen, oder sind wir die Einzigen?

Die Tora sagt: Der Weltraum ist ein leerer Raum. Das heißt: Wir sind allein! Von Gott geschaffen. Von Gott ins Leben gerufen. Weit und breit ohne Alternative, ohne Außerirdische! Das heißt auch: Wir allein ziehen die ganze Aufmerksamkeit Gottes auf uns. In uns und an uns hat er alles und vor allem: Wohlgefallen.

חלל h-l-l ist nun aber auch ein wichtiger Impuls, der uns hinterfragt. Es kommt vor in Hesekiel 22,26: „Seine Priester tun meinem Gesetz Gewalt an und entweihen, was mir heilig ist; sie machen zwischen heilig und unheilig keinen Unterschied und lehren nicht, was rein oder unrein ist und vor meinen Sabbaten schließen sie die Augen; so werde ich unter ihnen entheiligt." Und die Folge von dieser Entweihung, von dieser Entleerung und Profanisierung kommt postwendend in Hesekiel 22,31: „... so ließ ich ihr Treiben auf ihren Kopf kommen, spricht Gott, der Herr." Das Treiben fällt auf den Kopf. Es fliegt uns alles um die Ohren. Es fällt uns das, was wir tun, „auf die Füße".

Wer sich חלל h-l-l, d.h. löst, lockert, freistellt, aus der Beziehung zu Gott, wo sich eine Leere bildet, sei es durch Worthülsen, fromme Phrasen, leere Worte, Worte ohne Taten, da ist Entheiligung. Da ist alles heiße Luft, wie aus einem hohlen Rohr, wie aus einer Flöte. Und vermutlich ist alles heiße Luft und leer, wenn wir nach unserer eigenen Pfeife tanzen und nicht nach dem Willen Gottes leben.

Chalal, das auch „durchbohren“ heißt, führt uns in der Tora auch zu Jesus: „Doch er wurde um unserer Übertretungen willen durchbohrt, wegen unserer Missetaten zerschlagen; die Strafe lag auf ihm, damit wir Frieden hätten, und durch seine Wunden sind wir geheilt worden. (Jesaja 53,5. Siehe auch Römer 4,25; Römer 5,1; 1. Korinther 15,3; 2. Korinther 5,21; Galater 3,13; Epheser 2,14; Kolosser 1,20; 1. Petrus 2,25; 1. Petrus 3,18)

Indem Jesus sich durchbohren ließ, indem durch seinen Tod ein „leerer Raum“ entstand, schuf Gott in ihm einen Raum der Versöhnung, einen Ort mit Platz für alles, was wir sonst mit uns rumschleppen müssten. Dieser leere, heilige Raum, der am Kreuz Jesu, ist der Hohlraum, in dem unsere Schuld, unsere Übertretungen, aber auch all unser Schmerz, Versagen und Bestrafung für immer entsorgt werden. Ein „Endlager“. Und das Betreten ist verboten!

Die Priester haben laut Hesekiel 22 in ihrem Dienst versagt. Pflichtverletzung! Dank Jesus, des Hohenpriesters, wurde der Dienst und die Verpflichtung von jedem Priester, von jedem Diener am Tempel von dessen und deren Schultern genommen und alles auf Jesu Schultern gelegt.

Ab jetzt gilt: Wer nach der Pfeife Jesu tanzt, der hat das Leben! Und wer sich von ihm finden lässt, weiß, dass er im ganzen Universum einzigartig ist. Und dass er bei Christus immer einen Raum findet, bei dem er wie in einer Rumpelkammer alles ablegen kann und frei davon werden darf!

חנן

h-n-n *chanan*

Wohlriechend oder stinkend?

Das Wort חנן h-n-n hat zweierlei Bedeutungen, die gegensätzlicher nicht sein könnten:

1. Gunst, Gnade, Mitgefühl, geneigt sein.
   jemandem zugeneigt sein, gnädig sein,
   sich seiner erbarmen. Lieblich machen.
2. Gestank. stinken. ranzig.

Mundgeruch kommt in der Bibel vor! In Hiob 19,17 beschreibt sich Hiob selber: „Mein Odem ist zuwider meiner Frau, und den Söhnen meiner Mutter ekelt es vor mir." Es ist schwer, einen Menschen anzunehmen, wenn er Mundgeruch hat. Es ist noch schwerer, einen Menschen zu mögen, vor dem man sich ekelt. Wir können klar unterscheiden: Wer übel riecht, von dem distanziert man sich. Wer einen guten Duft hat, ein gutes Parfum trägt, dem ist man zugeneigt. Dass beides zusammengehört, Wohlgeruch und Gestank, das macht die Tora im Wort ןנח h-n-n deutlich. Es kann die Gnade bezeichnen, das, was jemanden lieblich macht, dem man sich zugeneigt fühlt, oder kann den Gestank, das Stinken bezeichnen.

Wie kann man mit ein und demselben Wort genau Diametrales ausdrücken? Wie kann man zusammenfassen, was doch absolut gegensätzlich ist und überhaupt nicht zusammengehört?

Das Volk Israel hat es erlebt und resümiert: Da, wo sie durch stänkernden Ungehorsam, wo ihr Unrecht zum Himmel stank und sie zu wortwörtlichen „Stinkstiefeln" wurden, als ihr Tun und Handeln aus jeder Pore übel roch, da neigte sich Gott ihnen zu. Übelster Gestank hielt Gott nicht davon ab, sie anzunehmen und sich ihnen zuzuneigen, ihnen gnädig zu sein und sie für ihn lieblich zu machen. Obwohl Gott uns mit allen Sinnen wahrnimmt, riecht, hört, schmeckt, sieht: Er geht nicht auf Distanz, sondern kümmert sich wie ein Vater um den zurückgekehrten, nach Schweinemist stinkenden, verlorenen Sohn. Und er reinigt, wäscht und kleidet ihn mit bestem Gewand.

In Psalm 145,8-9 heißt es von der חנן h-n-n Gottes: „Gnädig und barmherzig ist der Herr, geduldig und von großer Güte. Der Herr ist allen gütig und erbarmt sich aller seiner Werke."

Gott fordert auf, ihn zu prüfen, ob er nicht auch dann gnädig ist, wenn wir den Eindruck haben, alles an uns müffelt und riecht schlecht und ranzig: „So bittet Gott und seht, ob er uns gnädig sei! Denn meint ihr, nachdem solches von euch geschehen ist, er werde euch gnädig ansehen?" (Maleachi 1,9)

Von Gottes eigenem Sohn wissen wir: „Er war der Allerverachtetste und Unwerteste, voller Schmerzen und Krankheit. Er war so verachtet, dass man das Angesicht vor ihm verbarg; darum haben wir ihn für nichts geachtet." (Jesaja 53,3)

Auf vielen Bildern wird Jesus als der porentief reine, edle, wunderschöne europäische „Modelmann" dargestellt. Aber er war verachtet! Man verbarg das Angesicht vor ihm. Er stank zum Himmel! All das, um uns gleich zu werden. Er putzte sich nicht fein raus für uns, sondern nahm Knechtsgestalt an und wurde einer von uns. Mit allem Mief!

Und durch ihn finden wir Gunst, Gnade und Mitgefühl Gottes. Gott nimmt uns an, mit unserer ganzen Vergangenheit, die sich mit unserem Namen verbindet. So lesen wir, was stellvertretend für uns gilt, in 2. Mose 33,17:

„Der Herr sprach zu Mose: Auch das, was du jetzt gesagt hast, will ich tun; denn du hast Gnade vor meinen Augen gefunden, und ich kenne dich mit Namen."

Gnade durchdringt den Gestank. Gnade ist Wohlgeruch, der sich über den legt, der sich mit all seinen Duftmarken, mit all seinem faulen, vermoderten, übelriechenden Gestank in die Parfümerie Gottes begibt. Ich liebe Weihrauch in der katholischen Kirche. Er hüllt uns in einen neuen Duft, der Bände spricht und symbolisch ist für den Wohlgeruch, den Gott für uns hat, und zu dem er uns machen möchte. So sagt es Paulus:

2. Korinther 2,15: „Denn wir sind für Gott ein Wohlgeruch Christi unter denen, die gerettet werden und unter denen, die verloren werden."

In חנן h-n-n kommt zusammen, was zusammengehört: Gnade und Gestank. Je stärker der Gestank, desto größer die Gnade. Je mehr übelriechender Dreck am Stecken, desto größer der Stecken und Stab, der uns gnädiglichst tröstet und zu einer wohlriechenden Existenz macht!

דרך

d-r-k *däräch*

Weg und Weisung

Eine Zeit ohne Navigationssystem im Auto kann ich mir gar nicht mehr vorstellen. Obwohl ich die erlebt habe. Ich liebe es, nach Anweisung zu fahren, inklusive aller Stauvorhersagen und der Ankunftszeit. Meine Erfahrung: sehr verlässlich – in den meisten Fällen. Ohne diese „Wegassistenz" ist das Unterwegssein schwierig.

Das gilt erst recht für das Unterwegssein auf dem Lebensweg. Man kann sich alleine durchkämpfen. Man kann mühevoll nach dem besten Weg suchen und fragen. Und steht dann manchmal am Ende eines Weges, weil er nicht weiterführt. Oder man nimmt Umwege in Kauf, die so nicht eingeplant waren.

Im Hebräischen heißt Weg דרך d-r-k (dalet-resch-chaf). Diese Wurzel deutet auf einen Weg, eine Richtung hin. Das davon abgeleitete Nomen דרך „däräch" ist der Weg, die Unternehmung, das Geschäft, der Lebenswandel. דרך d-r-ch ist aber auch die Wurzel von Anleitung. Und von Anleiter, Gruppenleiter, Anführer.

Im Weg ist angelegt, wie man ihn gehen kann, wie man etwas ausführen soll. Es wird angeleitet.

Und es steht einer parat, der sich als Wegführer und Wegbegleiter auskennt.

Wenn wir von Weg sprechen, ist uns zunächst nicht klar, wie er zu gehen und zu bewältigen ist oder was das Beste ist für unterwegs.

Jesus wusste das. Er hat es an seinen Jüngern erlebt. An den vielen, die zu ihm kamen und nach dem Weg fragten, weil sie nicht mehr weiterwussten, oder mit den Erwartungen und Enttäuschungen nicht mehr zurechtkamen. Wenn Jesus – der hebräischen Sprache mächtig und deren Tiefsinnigkeit in ihr bewusst – von sich selbst bekennt, er sei der Weg, dann ist alles eingeschlossen, was mit diesem Weg zu tun hat.

Johannes 14,6: „Jesus spricht zu ihm: Ich bin der Weg und die Wahrheit und das Leben; niemand kommt zum Vater, denn durch mich."

Jesus meint damit nicht nur, der Weg zu sein, begehbar und gangbar. Er steht nicht nur für einen Lebenswandel, für eine Unternehmung, die dem Leben Sinn und Einkommen gibt. Er steht darüber hinaus als דרך d-r-k als Wegexperte, als Wegbegleiter, als „Anleiter", „Anführer" zur Verfügung.

Wo gibt es das, dass ich nicht allein auf die Reise geschickt werde, sondern dass ich mir sicher sein darf, dass ich einen Wegbegleiter auf meiner Seite habe. Wo gibt es das, dass ich mit meinen vielen Fehltritten, Umwegen und manch verkehrtem und verworrenem Lebenswandel nicht im

Stich gelassen werde. Denken wir an Psalm 23: „Er weidet mich", „er führet mich", „denn du bist bei mir."

Gebrauchsanleitungen gibt es immer und überall gratis dazu – bei Arzneimitteln, bei Neuwagen, bei Notebooks und Handys. Sie enthalten einerseits Informationen über das Produkt und andererseits über dessen Nutzung. Wie ich beides zusammenbringe, auf dass alles bestens funktioniere, damit bin ich auf mich alleine gestellt. Eine persönliche Begleitung ist weder im Produkt noch in der Anleitung gegeben.

Jesus hingegen verkörpert alles, was für den Weg des Lebens wichtig ist: Er ist der Weg des Lebens. Er ist das Licht des Lebens. Er hat Worte des Lebens. Und durch diese Worte wurde alles erschaffen. Das fleischgewordene Wort des Lebens kann bis heute auf dem Weg Neues schaffen aus dem Nichts, zur rechten Zeit, im richtigen Moment, am richtigen Ort. Und über allem steht: Jesus spricht nicht nur vom Weg, er hat nicht nur einen Geh- und Ausweg, vor allem IST er der Weg. Wer sich an ihn hält, befindet sich Hand in Hand, Seite an Seite mit ihm auf „rechter Straße, um seines Namens willen". (Psalm 23,3)

„Da redete Jesus abermals zu ihnen und sprach: Ich bin das Licht der Welt. Wer mir nachfolgt, der wird nicht wandeln in der Finsternis, sondern wird das Licht des Lebens haben." (Johannes 8,12)

סגר

s-g-r 🔊 *sagar*

Ein Schlüsselerlebnis!

Die Wurzel סגר s-g-r deutet auf einen Schließvorgang hin. Zum Beispiel eine Tür abschließen. Es kann aber auch die Ausgangssperre gemeint sein, oder das Ausgeliefertsein.

Das sind unangenehme Situationen: wenn man ausgeschlossen ist, etwa aus einer Gruppe; oder wenn man vor verschlossener Türe steht; oder wenn sich Türen schließen, wo man erwartet hätte, dass sich endlich eine öffnet; wenn man nicht rein- oder weiterkommt; oder wenn man ausgeliefert wird und schutz- und hilflos ist.

Doch wer eine Türe abschließen kann, darf sich auch sicher fühlen. Wenn die Türe hinter einem ins Schloss fällt, kann das bedeuten, man ist auf der sicheren Seite. Räuber, Diebe und Einbrecher haben keinen Zutritt. Ein abgeschlossener Raum, ein sicheres Zuhause ist wie die Zuflucht, die man bei Gott sucht und findet. (5. Mose 33,27: „Zuflucht ist bei dem alten Gott und unter den ewigen Armen.“; 2. Samuel 22,2-3: „Der Herr ist mein Fels und meine Burg und mein Erretter. Gott ist mein Hort, auf den ich traue, mein Schild und Berg meines Heils, mein Schutz und meine Zuflucht, mein Heiland, der du mir hilfst vor Gewalt.")

Wir dürfen mit David wissen, dass jener, der sich Gott anvertraut, die Schlüssel zum Glück ihm übergibt, erkennt: Gott hat uns in sein Herz geschlossen. In seiner Hand sind wir fest umschlossen. Niemand wird uns aus der Hand und aus dem Herz Gottes reißen. Und er wird uns nicht ausliefern. Bei ihm ist Sicherheit, auch im Angesicht von Bedrohung, Gefahr, Risiko und widrigen Umständen.

Psalm 31,6ff.: „In deine Hände befehle ich meinen Geist; du hast mich erlöst, Herr, du treuer Gott. (...) Ich freue mich und bin fröhlich über deine Güte, dass du mein Elend ansiehst und nimmst dich meiner an in Not und übergibst mich nicht in die Hände des Feindes; du stellst meine Füße auf weiten Raum."

Er hat die absolute Schlüsselgewalt, so wie es in Offenbarung 3,7 heißt: „Das sagt der Heilige, der Wahrhaftige, der da hat den Schlüssel Davids, der auftut, und niemand schließt zu, der zuschließt, und niemand tut auf: ..." (Vergleiche Jesaja 22,22) Von ihm wissen wir, dass er die Schlüssel des Todes und der Hölle hat. (Offenbarung 1,18)

Im wortwörtlichen Sinne ist unsere Gemeinschaft mit Gott ein „Schlüssel-BUND". Er kann aufschließen, dann öffnen sich Türen, und er stellt „Füße auf weiten Raum" (Psalm 31,9). Er kann zuschließen und keiner kann feindlich eindringen und rauben, was ihm nicht zusteht. Sagar – wer hat die Schlüsselgewalt? Wer hat die Schlüssel in der Hand? Die Schlüssel in der Hand des oder der Falschen, wird uns unruhig machen, ängstlich und voller Sorge um Hab und Gut.

Im Hebräischen muss man genau hinschauen, in welchem Kontext das Wort gebraucht wird. In unserem Leben braucht es volle Aufmerksamkeit, wem wir den Generalschlüssel übergeben. Dann werden wir ein Schlüsselerlebnis haben!

חבר

h-b-r *chäbär*

Freundschaft, die hält!

Die Wurzel חבר h-b-r bedeutet „bunt gestreift; binden, verbinden, verbunden, zusammenfügbar, verbündet“. Es kann damit etwas Zusammengefügtes, eine Verbindung, eine Genossenschaft, eine Gesellschaft ausgedrückt werden. Aber auch ein Freund wird so bezeichnet und eine Freundschaft. חבר h-b-r ist aber auch die Wurzel von Heft oder Aufsatz.

In allen Fällen deutet diese Wurzel auf eine Verbindung hin, wobei die einzelnen Objekte sich nicht vermischen. Für einen Freund bzw. Freundschaft benötigen wir mindestens zwei Menschen, eine Gesellschaft ist die Verbindung von mehreren Menschen, das Heft ist die Verbindung von mehreren Seiten und der Aufsatz die Verbindung von mehreren Worten.

Immer wieder standen Verbindungen beim Volk Israel zur Disposition. Es gab Bündnisse, die verhängnisvoll waren und dann in Knechtschaft führten. Es gab Verbindungen zwischen Eheleuten, die nichts Gutes versprachen. Man verbündete sich mit fremden Göttern und Gottheiten und begab sich so in Gottesferne.

Dabei war immer klar, welche Bündnisse man eingehen soll und welche nicht. (vgl. 5. Mose 7)

Eindrucksvoll, wie Gott seinen eigenen Bund, sein Bündnis mit seinen Kindern hegt und pflegt, hält und erhält. Und wie er dabei immer wieder auch aus falschen Verbindungen und Bünden herausführt:

„Nicht hat euch der Herr angenommen und euch erwählt, weil ihr größer wäret als alle Völker – denn du bist das Kleinste unter allen Völkern –, sondern weil er euch geliebt hat und damit er seinen Eid hielte, den er euren Vätern geschworen hat. Darum hat er euch herausgeführt mit mächtiger Hand und hat dich erlöst von der Knechtschaft, aus der Hand des Pharaos, des Königs von Ägypten. So sollst du nun wissen, dass der Herr dein Gott, allein Gott ist, der treue Gott, der den Bund und die Barmherzigkeit bis ins tausendste Glied hält denen, die ihn lieben und seine Gebote halten." (5. Mose 7,7-9)

Schon bei der Erwählung war klar, was das Volk Gottes ist: ein bunter Haufen. Genau entsprechend der Grundbedeutung von חבר h-b-r: gefärbt, bunt, dennoch schön und kunstgerecht. (In arabischen Sprachen enthält חבר h-b-r auch noch die Bedeutung von „Narbe" – denn auch das gehört zu einem bunten Haufen, dass es Verletzungen gibt, die als Narben zurückbleiben.)

Aber die Liebe Gottes hat diesen Haufen geschmiedet und ausgehalten, durchgetragen und schön gemacht. Kunstgerecht! Von keinem falschen Wort, von keinem falschen Kapitel in seiner Geschichte, seinem „Aufsatz“ mit seinem Volk, hat er sich aus dem Konzept bringen lassen. Es kam und blieb zusammen, was zusammengehört.

Wir werden gefragt: Welche Bündnisse gehen wir ein? Welcher Gesellschaft, welcher Genossenschaft folgen wir? Mit wem verbünden wir uns? Auf welche Freundschaften haben wir uns eingelassen? Welche Freunde sind „wahre“ Freunde? Wann ist es dran, ein neues Kapitel im Lebensheft anzufangen, wann ist es dran, neue Worte im Aufsatz einzusetzen?

Dass uns von einem Bündnis nichts Nachteiliges entsteht, und nichts und niemand uns aus diesem Liebesverbund reißen und abtrennen kann, bezeugt Paulus: „Ich bin gewiss, dass weder Tod noch Leben, weder Engel noch Mächte noch Gewalten, weder Gegenwärtiges noch Zukünftiges, weder Hohes noch Tiefes noch eine andere Kreatur uns scheiden kann von der Liebe Gottes, die in Christus Jesus ist, unserm Herrn.“ (Römer 8, 38-39)

Dieser Liebesbund hält! Und dieser Liebesbund erträgt alles! Auch einen kunterbunten Haufen, in dem jeder einzelne von Bedeutung ist. Denn nur mit allen zusammen wird es kunstvoll und schön!

Und was für eine Ehre: Jesus verbündet und verbindet sich mit uns, dass er uns trotz aller Verschiedenheit, „Freunde“ nennt. (Johannes 15,15: „Euch aber habe ich gesagt, dass ihr Freunde seid.“) Freundschaft mit Jesus, Freunde von Jesus! Es kommt und bleibt zusammen, was zusammengehört!

ברך

b-r-k *berach*

Stärkt die wankenden Knie!

Die Wurzel bet-resch-chaf deutet auf eine Verbindung bzw. einen Zusammenhalt hin. Das Knie verbindet, bzw. hält den Unter- und Oberschenkel zusammen, der Segensspruch verbindet denjenigen, der segnet, mit demjenigen, der gesegnet wird, und das Schwimmbad hält die Wassertropfen zusammen.

Kamele lagern sich auf Knien – um Ruhe zu empfangen. Um Wasser zu trinken aus der Quelle. Segen, ברך barach, ist eine Heilskraft und eine heilschaffende Kraft. ברך barach kann auch mit „glücklich" übersetzt werden.

Auf Knien kann man Kinder halten und liebkosen, wie es in Jesaja 66,12 heißt: „Siehe, ich breite aus bei ihr den Frieden wie einen Strom und den Reichtum der Völker wie einen überströmenden Bach. Ihre Kinder sollen auf dem Arm getragen werden, und auf den Knien wird man sie liebkosen."

Segen, ברך barach, bringt uns zusammen mit dem Schöpfer. Schöpfer und Geschöpf sind verbunden durch den Segen. Nicht durch Leistungen, mit denen man sich gegenseitig beweisen muss.

Nicht durch Voraussetzungen, die man erfüllen muss. Wer kniet, kommt mit seinem Schöpfer zusammen:

Psalm 95,6: „Kommt, lasst uns anbeten und knien und niederfallen vor dem Herrn, der uns gemacht hat."

Schön dabei ist, dass der Segen, der zusammenhält, nicht von uns ausgeht oder kommt. Segen ist allein Gottes Möglichkeit. Wenn er segnet, können wir Segen empfangen und zum Segen werden. Und das ist ein schöner Gedanke: dass auch Schöpfer und Geschöpf leben und lieben durch den Segen Gottes und dass wir für ihn ein Segen sind und werden. Auch für andere Verbindungen gilt, dass sie durch Segen zusammengehalten werden: zum Beispiel ein Ehebund durch den Ehesegen, der Mann und Frau miteinander verbindet.

Aber zur Realität gehört eben auch, dass gerade die Knie oftmals schlottern. Dass sie wanken. Weich werden. Wankende Knie sind ein Zeichen großer Angst: „Stärket die müden Hände und macht fest die wankenden Knie." (Jesaja 35,3)

Hiob kennt und bekennt: „Du hast matte Hände gestärkt; ... und die bebenden Knie hast du gekräftigt." (Hiob 4,3-4)

Segen stärkt die wankenden Knie. Segen nimmt der Angst den Wind aus den Segeln. Segen ordnet die Angst unter die Gewissheit: Ich bin in Verbindung mit dem Schöpfer, der mich geschaffen hat und mir ins Leben ruft: „Fürchte dich nicht!"

Ich erinnere mich an meine erste Angebetete. Da hatte ich weiche Knie! Und zwar butterweiche Knie! Das war, weil ich nicht wusste, ob sie meine Liebe erwiderte. Da war so viel Unsicherheit im Spiel. Da stand so viel auf dem Spiel. Anerkennung oder Korb? Was würde ich bekommen?

Wie gut tut das, wenn einen die Füße tragen! Wenn man mit festem Schritt mutig und zuversichtlich seinen Weg gehen kann, weil man um die Liebe weiß, die Wertschätzung, das Zusammengehören! Das stärkt die weichen Knie. Genau so habe ich es von und bei Gott erlebt: Seine Liebe stärkt die zitternden, schlotternden und weichen Knie. Und sie stärkt den Rücken! Und diese Körperhaltung führt letzten Endes zum erhobenen Haupt!

עבד

^{c}-w-d *awad*

Die fleißige Hand wird herrschen

Die Wurzel עבד ^{c}-w-d hat drei Bedeutungen:

1. arbeiten
2. gezwungenes Arbeiten
   (versklavt, unfrei, unterjocht)
3. einer Gottheit dienen

Die Differenzierung ist interessant, ebenso wie der zugrundeliegende Zusammenhang: Arbeiten kann positive Assoziationen hervorrufen. Die tägliche Arbeit, um sein Brot zu verdienen. Arbeit, bei der man seine Gaben und Talente einsetzt. Arbeit, die man gerne macht, oder manchmal nicht. Arbeit, die einem Sinn vermittelt.

Dann gibt es eben aber auch die Arbeit, die man gezwungenermaßen tun muss wie Sklaven, wie Knechte. Vielleicht zum Hungerlohn oder weil einem Aufgaben befohlen werden, die man tun muss, ob man will oder nicht, ob man kann oder nicht. Aktuell geht man weltweit von ca. 50 Millionen Menschen aus, die in Sklaverei leben und arbeiten. Und auch, wenn das nicht vergleichbar ist: 30 % der deutschen Arbeitnehmer haben innerlich gekündigt. Auch bei uns befinden sich viele in dem Zustand, beim Arbeiten tun zu müssen, was sie nicht wollen, was sie nicht können. Aber sie sehen keine Alternative und beschäftigen sich „unfrei". So manches Mal mag das eine „Knechtschaft" sein, in die man sich selbst begeben hat oder aus eigener Entscheidung bleibt.

Und der dritte Aspekt bei עבד ᶜ-w-d ist: Gott und Arbeit. Damit ist nicht die priesterliche Tätigkeit gemeint, sondern das Dienen für Gott. Auch mit dem, was man profan im Alltagsgeschäft tut. Quasi seiner Berufung nachgehen und sie leben als eine Berufung von Gott. עבד war auch der Ehren-Beiname frommer Menschen, wie Abraham, Josua, Hiob usw. Ihnen wurden von Gott besondere Aufgaben übertragen, die sie auf besondere Weise erledigten.

Ich habe in den letzten Jahren viele christliche Unternehmer kennengelernt. Unternehmer, die bewusst als Christen ihre Arbeit tun, ihre Firma leiten, mit ihren Mitarbeitern umgehen. Sie fühlen, dass sie nicht nur Erwartungen der Kunden, der Banken, der Steuerberater zu erfüllen haben, sondern eben in Verantwortung vor Gott ihre Gaben und Talente einsetzen müssen und dürfen. Das führt zu unternehmerischen „Eigenarten" wie „gestalten, statt verwalten" (Unternehmensführung), „versöhnen und verwöhnen" (Mitarbeiterkultur), aber auch Bereitschaft, Risiko einzugehen, vertrauensvoll zu agieren, wertschätzend zu führen und andere im Blick zu haben (sie zu fördern und Potenziale zu entwickeln).

Das Volk Gottes hat in seiner Geschichte Arbeit von allen Seiten und mit allen Aspekten kennengelernt: In Zeiten des Exils und der Gefangenschaft haben sie Sklaverei erlebt. Im eigenen Land, in Freiheit, konnten sie sich guter Arbeit hingeben und mit Geschick viel erreichen.

Zu eigen gemacht haben sie sich die Lehre Salomons: „Die fleißige Hand wird herrschen; die aber lässig ist, muss Frondienst leisten." (Sprüche 12,24)

Das hebräische Wort für „fleißig" – חרץ charaz – heißt: eingraben, einschneiden, graben, eingravieren, entscheiden, bestimmen, das Beschlossene, entschlossen, bedacht sein, eifrig. Man könnte es umschreiben mit tüchtig, tiefgängig, nachhaltig und zielorientiert. Interessanterweise hat es die gleichen Wurzeln wie „Gold". „Fleißig sein" heißt, etwas zu „Gold" machen – das aus biblischer Sicht mehr wert ist als Gold und Silber! Ohne Fleiß, kein Preis!

Das hebräische Wort für „lässig" ist רמה ramah und bedeutet auch „träge, im Stich lassen, verraten, nachlassen, schlaff", aber auch „Täuschung, Trug". Arbeit, die nur noch träge getan wird, widerwillig, ungern, ablehnend und ohne Lust, wird zu unfreier, unterjochter, versklavter Arbeit.

Psalm 90,17 könnte zu einem Gebets-Ritual vor, bei und nach der Arbeit werden: „Und der Herr, unser Gott, sei uns freundlich und fördere das Werk unsrer Hände bei uns. Ja, das Werk unsrer Hände wollest du fördern!"

עבר

ᶜ-b-r 🔊 *awar*

Es geht den Bach runter

Die Wurzel עבר ᶜ-b-r hat folgende Bedeutungen:
1. überlaufen, überströmen (Wasser)
2. über etwas hingehen (Wind)
3. durchgehen (durch einen Ort)
4. vorübergehen, vorbeigehen lassen
5. (unbekümmert) weitergehen, hinübergehen

Eine unvergessliche Erfahrung für das Volk Israel: „Als nun Mose seine Hand über das Meer reckte, ließ es der Herr zurückweichen durch einen starken Ostwind die ganze Nacht und machte das Meer trocken, und die Wasser teilten sich. Und die Israeliten gingen hinein mitten ins Meer auf dem Trockenen, und das Wasser war ihnen eine Mauer zur Rechten und zur Linken." (2. Mose 14,21-22)

Wenn Wasser da ist und läuft, überläuft und überströmt, es keine Möglichkeit gibt, trockenen Fußes davonzukommen, dann erinnert sich das Volk an das, was man erlebt hat: Wind kam auf, man durchzog den Ort der Fluten – trockenen Fußes – man ging hindurch, die Not ging vorüber und man konnte unbekümmert weitergehen. In einem Wort: עבר c-b-r, ein Wort, das ein ganzes Glaubensbekenntnis beinhaltet!

Deshalb wird es auch in viele rituelle Lieder und Gebete eingebaut, es wird immer wieder laut wiederholt, laut gesungen, zum Beispiel Psalm 78,13: „Er zerteilte das Meer und ließ sie hindurchziehen und stellte das Wasser fest wie eine Mauer."

Später gibt es die sogenannten „Denksteine des Durchzugs", von denen in Josua 4 erzählt wird: Nachdem das Volk Israel den Jordan, der zu dieser Zeit so viel Wasser führte, dass er über die Ufer getreten war (Josua 3,15) trockenen Fußes überquert hatte, gebot Gott danach, 12 Männer aus den 12 Stämmen Israel sollen aus dem Jordan 12 Steine bringen, die dann von Josua in Gilgal aufgerichtet wurden.

„Denksteine", über die es heißt: „Wenn eure Kinder später einmal fragen: Was bedeuten diese Steine? So sollt ihr ihnen kundtun und sagen: Israel ging auf trockenem Boden durch den Jordan, als der Herr, euer Gott, den Jordan vor euch austrocknete, bis ihr hinübergegangen wart, wie der Herr, euer Gott, am Schilfmeer getan hatte, das er vor uns austrocknete, bis wir hindurchgegangen waren; damit alle Völker auf Erden die Hand des Herrn erkennen, wie mächtig sie ist, und den Herrn, euren Gott, fürchten allezeit." (Josua 4,21-24)

Ermutigung durch die Tora! Auch für uns, wenn uns das Wasser bis zum Hals steht! „Wenn du durchs Wasser gehst, will ich bei dir sein, dass dich die Ströme nicht ersäufen sollen!“ (Jesaja 43,2)

Entdecken wir עבר c-b-r für uns, indem wir die fünf Bedeutungen der Wurzel ganz persönlich nehmen:

Wenn das **Wasser** von allen Seiten **strömt** und **überläuft**, dir das Wasser bis zum Hals steht,

dann wird **etwas über das Wasser gehen** – ein Wind? – der wird die Umstände so gestalten,

dass du **durch das Wasser gehen** kannst, dass dich die Ströme nicht ersäufen,

dann wird die Not **vorübergehen**, der Herr das Elend **vorbeigehen** lassen, so wie auch das Wasser danach wieder hinabfließen wird.

Und du? Du wirst unbekümmert **weitergehen**!

Übrigens: In Josua 3 wird beschrieben: „Da stand das Wasser, das von oben herniederkam, aufgerichtet wie ein einziger Wall, sehr fern, bei der Stadt Adam, die zur Seite von Zaretan liegt; aber das Wasser, das zum Meer hinunterlief, zum Salzmeer, das nahm ab und floss ganz weg.“ (Josua 3,16) Und in Josua 4,18: „Da kam das Wasser des Jordans wieder an seine Stätte und floss wie vorher über alle seine Ufer."

Was in deutschen Redensarten nach einer Katastrophe klingt, war für die Israeliten ein Grund zur Freude: Mit Gottes Hilfe waren sie „über den Jordan gegangen". Exklusiv für sie ging einiges „den Bach runter" und ihre Not wurde mit und durch das Wasser weggespült. Und danach kam das Wasser zurück, bedeckte die Stelle der Eskalation und es war wieder alles „im Fluss".

מלל

m-l-l *millel*

Redet miteinander!

Zwei Bedeutungen stechen in dieser Wurzel מלל m-l-l heraus:

1. verwelken, gebeugt sein, sich hinschleppen, abgeschnitten sein
2. reden, sprechen, deuten

Wie hängt das zusammen? In Psalm 90 wird mit diesem Wort מלל m-l-l die Existenz des Menschen ausgedrückt: „Der du die Menschen lässest sterben und sprichst: Kommt wieder, Menschenkinder! (...) Du lässest sie dahinfahren, wie einen Strom, sie sind wie ein Schlaf, wie ein Gras, das am Morgen noch sprosst, das am Morgen blüht und sprosst und des Abends welkt und verdorrt.“ (Psalm 90,3-6) Das mündet später in die Bitte: „Lehre uns bedenken, dass wir sterben müssen, auf dass wir klug werden.“ (Psalm 90,12)

Von dieser Vergänglichkeit berichtet Hiob: „Der Mensch, vom Weibe geboren, lebt kurze Zeit und ist voll Unruhe, geht auf wie eine Blume und fällt ab, fließt wie ein Schatten und bleibt nicht.“ (Hiob 14,1-2)

Ist es ratsam und klug, sich so intensiv, redend, formulierend, deutend, reflektierend über die Vergänglichkeit Gedanken und Worte zu machen? Hiob wird das von einem seiner Freunde vorgeworfen, als Bildad ihn fragt: „Wie lange willst du so reden und sollen die Reden deines Mundes so ungestüm daherfahren?“ (Hiob 8,2)

Aber genau das war richtig und wichtig bei und von Hiob: dass er redete. Es ist richtig, in dem Moment den Mund aufzumachen und zu reden, auszusprechen und damit anderen mitzuteilen, wenn man selbst innerlich und äußerlich „verwelkt“. Nur wenn man seine Not nicht in sich hineinfrisst, nur wenn man aus seinem Herzen keine Mördergrube macht, kann einem geholfen werden.

Das habe ich schon so oft selbst erlebt: Wenn ich anderen von meinen Nöten erzähle, haben die eine ganz andere Sicht darauf, sehen plötzlich Wege und Perspektiven, die mir selber nicht einfallen. Wenn ich mich nur noch mühevoll hinwegschleppe, durch das Leben schleppe, wenn ich mich „abgeschnitten fühle“, tief gebeugt bin wegen der schweren Last, dann bedingt sich eben das Reden. Dann ist das Reden und Sprechen überlebensnotwendig. Deshalb gibt es Klagepsalmen. Eine Klagemauer. Deshalb ist Beten Reden, Sprechen, Deuten. Einerseits die Hinwendung zu Gott, andererseits das gemeinschaftliche, tröstende gemeinsame Reden, Zuhören, Mitleiden, Mittrauern und Trösten.

Mit מלל m-l-l wird in Psalm 106,2 das Reden von den großen Taten Gottes ausgedrückt. Das sogenannte „Storytelling“ wurde schon in der Tora erfunden und empfohlen! Nicht nur übers Wetter schimpfen und die hohen Benzinpreise beklagen: Redet, sprecht über das, was Gott getan hat! Am Lagerfeuer in der Wüste innerhalb des Stammes oder der Familie wurden Geschichten erzählt. So, dass sie klangen, als ob man sie gerade erlebt hätte. Mit allen Emotionen. So, dass die Kinder mit offenen Ohren und Augen am Feuer saßen und von den großen Taten Gottes hörten!

Reden – ja, einmal mehr über die Nöte, die einen getroffen haben, letzten Endes damit auch Endlichkeit und Vergänglichkeit ansprechen und deuten, aber dann vor allem auch reden über die großen Taten Gottes! Das ist eine Art „Gedanken-Changemanagement“ mit interessanten Ergebnissen:

„Mein Mund soll verkündigen deine Gerechtigkeit, täglich deine Wohltaten, die ich nicht zählen kann. Ich gehe einher in der Kraft Gottes, des Herrn.“ (Psalm 71,15-16) Als „Verwelkte“, als „Gebeugte“ über die Wohltaten und Wunder Gottes zu sprechen und zu reden, richtet auf, stellt wieder auf die Beine, und lässt einhergehen in der Kraft Gottes!

מלך

m-l-k *malach*

Beraten und beschlossen

Die Wurzel מלך m-l-k hat zwei Bedeutungen:
1. herrschen, König sein. Herr, einer Sache sein
2. mit sich selbst zu Rate gehen, raten, beraten; Rat, Entscheidung

Die Zusammenhänge erschließen sich schnell: Ein guter Herrscher entscheidet nicht willkürlich, despotisch von oben. Solche Herrscher kannte das Volk Israel in seiner Königsgeschichte durchaus auch. Könige, die sich nicht oder von falschen Beratern beraten ließen. Auch wenn guter Rat manchmal teuer ist: Wer gut über die Runden kommen möchte, der braucht Beratung. Und eine eigene Erfahrung: Es bricht einem kein Zacken aus der Krone, wenn man sich Rat holt.

Salomo war wohl deshalb ein weiser König, weil er sich durch Ratschläge immer mehr Weisheit angereichert hat. Und einen Rat gibt er dann als „Geheimtipp“ in Sprüche 1,5-6 weiter:

„Wer weise ist, der höre zu und wachse an Weisheit, und wer verständig ist, der lasse sich raten. Dass er verstehe Sprüche und Gleichnisse, die Worte der Weisen und ihre Rätsel.“

Außerdem ist Salomo sich sicher: „Die Furcht des Herrn ist der Anfang der Erkenntnis."

Deshalb hat er alles darangesetzt, um den sogenannten salomonischen Tempel zu bauen. Der erste feste Ort, an dem man Gott um Rat fragt.

Wer „Herr einer Sache" sein will, Herr über Ziele, Pläne, Vorhaben und Absichten, auch über Gefühle und Gedanken, der ist gut beraten, wenn er nicht aus dem hohlen Bauch, oder nach seinem Bauchgefühl handelt, sondern wenn er sich mit anderen und mit Gott berät. Das heißt auch: kein Schnellschuss. Guter Rat ist teuer, gute Entscheidung braucht Zeit. Herrschen, regieren, über sein Leben und um seiner selbst und Sache Herr zu sein, braucht Orte und Zeiten der Beratschlagung.

Salomo kannte auch die andere Seite: „Wo nicht weiser Rat ist, da geht das Volk unter; wo aber viele Ratgeber sind, findet sich Hilfe." (Sprüche 11,14)

Für ihn stand viel auf dem Spiel. Er hatte große Verantwortung. Aber das ist keine Ausnahme. Bei uns persönlich geht es nicht um ein Staatsamt, keiner von uns ist König, aber jeder von uns hat die Aufgabe, Herr seiner selbst, Herr seiner Sinne zu sein. Das heißt, sich selbst führen zu können. Selbstbeherrschung. Auch diese Art von „herrschen", nämlich sich selbst „beherrschen" bedarf es, „mit sich selbst zu Rate zu gehen". So wie wir es etwa von Nehemia kennen. Nachdem er „den Streit und das Schreien der Leute aus dem Volk und ihrer Frauen gegen die jüdischen Brüder" hörte, wurde er sehr zornig. (Nehemia 5,6) Darauf geht Nehemia in sich: „Und ich hielt Rat mit mir selbst ..." (Nehemia 5,7)

Nein, keinen Schnellschuss, nicht überreagieren, noch dazu unter emotionalem Stress. Sondern: Rat halten mit sich selbst. Übermut wäre in diesem Fall falsch gewesen, wie es auch Salomo formuliert: „Unter den Übermütigen ist immer Streit; aber Weisheit ist bei denen, die sich raten lassen. (Sprüche 13,10)

Das zeichnet Nehemia aus. Er verordnet sich Stille. Zieht sich zurück. Berät sich. Das macht ihn zu einer Führungspersönlichkeit, die in die Geschichte eingeht.

In der modernen Managementlehre heißt es: „Wer andere führen will, muss sich selbst führen können." Oder anders gesagt: Wer andere „beherrschen" will, muss sich selbst „beherrschen" können.

לקח

l-ḳ-h *lakach*

Er hat’s gegeben, er hat’s genommen

Die Wurzel לקח l-k-h bedeutet:

1. nehmen. annehmen. sich von jemandem etwas geben lassen. fassen. ergreifen.
2. wegnehmen.

Wir haben im Deutschen für nehmen und wegnehmen zwei Worte, während die Tora dafür nur eins kennt. Zum Nehmen gehört auch das Wegnehmen. Zum Wegnehmen gehört vorher das Nehmen-Dürfen. Und für uns ist klar, dass das zwei völlig verschiedene Vorgehensweisen sind. Anders im jüdischen Denken. Da gehört beides unabdingbar zusammen, und auch der Auslöser ist derselbe. Am schönsten drückt das Hiob aus:

„Der Herr hat's gegeben, der Herr hat's genommen; der Name des Herrn sei gelobt.“ (Hiob 1,21)

Gott ist Geber. Gott ist Nehmer. Wir dürfen nehmen. Und wenn es uns nicht mehr „verfügbar“ ist, ist es nicht verloren, sondern der Geber hat es an sich genommen. Es gilt nicht „Was weg ist, ist weg!“ Es gilt vielmehr: Es ist wieder dort, wo es herkommt, wo es nicht umkommt, wo es nicht verloren geht.

Es ist „gut aufgehoben“. In besten Händen. Das gilt für Hab und Gut, das wir verwalten durften. Das gilt für geliebte Menschen, die uns anvertraut waren. Das gilt genauso für alle Pläne, Projekte, Wünsche, Träume, Visionen und Unternehmungen.

Ich habe eine Familie kennengelernt, die ihren erstgeborenen Sohn beerdigen musste. Dieser hatte im Alter von drei Jahren einen inoperablen Gehirntumor bekommen. Er lebte damit noch vier Jahre. Im Kindergarten und in der Grundschule erzählte er jedoch fröhlich: „Ich gehe nicht verloren. Ich gehe zu Jesus.“ Denn er hatte Jesus in einem Traum gesehen. Und als es August war, erschien ihm Jesus im Traum und sagte: „Sag deinen Eltern, dass sie Weihnachten mit dir vorfeiern sollen, denn an Weihnachten sehen wir beide uns!“ Das tat er und Weihnachten wurde schon Anfang November gefeiert. Der kleine Sohn hatte eine Weihnachtsbotschaft für Mama und Papa: „Seid nicht traurig, ich gehe zu Jesus. Zu meinem Freund. Da, wo ich herkomme, gehe ich hin.“ Kurz vor Weihnachten war dann die Beerdigung des kleinen Jungen.

„Der Tod hat keine Hände“, wie jemand einmal sagte. Der Tod hat keine Macht, etwas zu nehmen. Aber Gott hat die Macht, zu geben und zu nehmen. Und was er nimmt, ist kein Raub, sondern seine Hände nehmen an sich, was er gegeben hat, und was ihm gehört. Und mit dem, was ihm gehört, geht er behutsam, liebevoll und fürsorglich um. Wie es seine Art ist.

Auf wunderbare Weise beten und singen das die Söhne Korach in Psalm 49: „Aber Gott wird mich erlösen aus des Todes Gewalt; denn er nimmt mich auf. SELA" (Psalm 49,16)

Und Sela sagt einmal mehr: Stopp! Geh in dich. Wiederhole das, verinnerliche das! Es ist existenziell wichtig, das zu wissen und zu glauben: „Er nimmt mich auf." Nichts geht verloren.

Augustinus hat gesagt: „Gib, was du hast, damit du bekommst, was dir fehlt." So kennen die Kinder Gottes ihren Gott Israels: Der nimmt nichts, was er nicht auf vielfältige Weise ersetzen könnte. Was nach Lücke und Entbehrung, Mangel und Einschränkung aussieht, kann zu „Hülle und Fülle" werden, so wie es Hiob erlebt hat:

„Und der Herr gab Hiob doppelt so viel, wie er gehabt hatte. (Hiob 42,10) Und statt am Ende mit leeren Händen dazustehen, und missmutig und enttäuscht zu sein, starb er „alt und lebenssatt". (Hiob 42,17)

Für mich persönlich die wichtigste „Philosophie" oder Lebenseinstellung in Bezug auf das „Haben" ist von Paulus:

„Die Zeit ist kurz. Fortan sollen auch die, die Frauen haben, sein, als hätten sie keine; und die weinen, als weinten sie nicht; und die sich freuen, als freuten sie sich nicht; und die kaufen, als behielten sie es nicht; und die diese Welt gebrauchen, als brauchten sie sie nicht." (1. Korinther 7,29-31) Das Prinzip des „Haben, als hätte man nicht" ist vermutlich die höchste Kunst, um Geben und Nehmen, Empfangen und Zurückgeben, Ergreifen und Loslassen in die Tat umzusetzen.

כנף

k-n-f 🔊 *kanaf*

Randerfahrung

Das Wort כנף k-n-f bedeutet:
1. Flügel
2. Rand (äußerste Grenze,
   zum Beispiel des Meeres, der Erde,
   oder aber: Saum eines Kleides), Rockzipfel

Was Flügel und Rand miteinander zu tun haben, kommt wohl am schönsten in Psalm 139 zum Ausdruck:

„Wohin soll ich gehen vor deinem Geist, und wohin soll ich fliehen vor deinem Angesicht? Führe ich gen Himmel, so bist du da; bettete ich mich bei den Toten, siehe, so bist du auch da. Nähme ich Flügel der Morgenröte und bliebe am äußersten Meer, so würde auch dort deine Hand mich führen und deine Rechte mich halten.“ (Psalm 139,8-10)

David spricht von einer Randerfahrung. Einer Grenzerfahrung. Mit Flügeln der Morgenröte hin zum äußersten Meer. Genau dort, an der äußersten Grenze kommt es zu einer Grenzerfahrung der besonderen Art: Du, Gott, bist da. Am Rand des Abgrundes. Deine Hand hält mich!

Selbst an der äußersten Grenze des Lebens angekommen, sich bettend bei den Toten, eine Grenzerfahrung: Du, Gott, bist da!

Kleiner Exkurs: „Morgenröte" ist die ursprüngliche Bedeutung von Ostern. Und Flügel der Morgenröte sind eigentlich „Flügel von Ostern". Die Kraft von Ostern, die Auferstehungskraft ist die stärkste Kraft, die den Tod besiegt hat! Wenn David von Flügeln spricht, spricht er prophetisch vom Ostergeschehen. Und deshalb kann er auch sagen: „Bettete ich mich bei den Toten, siehe, so bist du auch da."

Rand und Flügel gehören in jüdischem Denken zusammen.

Wenn ich mich als „Randerscheinung" fühle, unbedeutende „Randfigur", werden Flügel bedeutend, denn „unter dem Schatten deiner Flügel habe ich Zuflucht, bis das Unglück vorübergehe" (Psalm 57,2)

Wenn ich mich schutz- und hilflos ausgeliefert fühle, sind Flügel Schutzzonen, denn: „Wie köstlich ist deine Güte, Gott, dass Menschenkinder unter dem Schatten deiner Flügel Zuflucht haben." (Psalm 36,8)

Wenn ich mich als „Randerscheinung" wahrnehme, als „Randnotiz", dann darf ich voller „Selbstwertbewusstsein" beten: „Behüte mich wie einen Augapfel im Auge, beschirme mich unter dem Schatten deiner Flügel." (Psalm 17,8) Behüten tut Gott das, was es ihm wert ist. Beschirmen das, was für ihn von äußerster Wichtigkeit und Bedeutung ist.

Eine besondere Randerfahrung mach die „blutflüssige“ Frau: „Und eine Frau hatte den Blutfluss seit zwölf Jahren; die hatte alles, was sie zum Leben hatte, für die Ärzte aufgewandt und konnte von niemandem geheilt werden. Die trat von hinten heran und berührte den Saum seines Gewandes; und sogleich hörte ihr Blutfluss auf. Und Jesus sprach: Wer hat mich berührt? Als es aber alle leugneten, sprach Petrus: Meister, das Volk drängt und drückt dich. Jesus aber sprach: Es hat mich jemand berührt; denn ich habe gespürt, dass eine Kraft von mir ausgegangen ist. Da aber die Frau sah, dass sie nicht verborgen blieb, kam sie mit Zittern und fiel vor ihm nieder und verkündete vor allem Volk, warum sie ihn angerührt hatte und wie sie sogleich gesund geworden war. Er aber sprach zu ihr: Meine Tochter, dein Glaube hat dir geholfen. Geh hin in Frieden!“ (Lukas 8,43-48)

Sie berührt den כנף k-n-f, den Saum Jesu Gewandes. Ihre Krankheit hat sie an den Rand des Abgrundes gebracht. Jetzt wagt sie das Äußerste und berührt Jesu „Rand“. Und es strömen Kräfte. Jesus spürt das und sucht die Ursache. Und wieder eine Randerfahrung: Sie kommt mit Zittern, schlotternden Knien, voller Angst, fällt nieder. Doch Jesus spricht zu ihr! Kein Verurteilen, kein Hausverbot. Keine Berührungsangst. Keine Anklage! „Meine Tochter“, der Vater in Jesus spricht.

Gottes Wort. Annahme. Adoption! Die auf verlorenem Posten, am Rand der Gesellschaft, die wird als Tochter Jesu, als Kind Gottes zur Friedensbotin: Geh im Frieden!

Randerfahrungen sind Flügelerfahrungen. Am äußersten Rand hilft Gott, zu Rande zu kommen! Und: „Die auf den Herrn harren, kriegen neue Kraft, dass sie auffahren mit Flügeln wie Adler, dass sie laufen und nicht matt werden, dass sie wandeln und nicht müde werden." (Jesaja 40,31)

סוג

s-w-g 🗣 *sag*

Nirgendwo von Gott verlassen

Die Wurzel סוג s-w-g bedeutet:
1. sich abtrennen, zurückweichen, abtrünnig, zurückgedrängt (Grenzen wegrücken, verrücken)
2. umzäunen, umzäunt

Wie denn jetzt? Getrennt? Allein auf weiter Flur? Oder immer noch im geschützten Rahmen? Schutzlos oder im Schutzraum? Wenn wir das Gefühl haben, abgetrennt, einsam, verlassen zu sein, dann wird uns angst und bange. Es ist ein Zustand, der nicht gleichzeitig „kompensiert“ werden kann durch das Wahrnehmen, immer noch im „umzäunten Gebiet“ zu sein. Die Tora belehrt uns eines Besseren.

Eine wichtige Erfahrung für das Volk Gottes war: In der Situation, in der sie sich von Gott verlassen fühlten, von ihm abgetrennt, von ihm abtrünnig oder zurückgedrängt, da sprach der Prophet Jesaja im Namen Gottes Trost zu:

„Zion aber sprach: Der Herr hat mich verlassen, der Herr hat meiner vergessen. Kann auch eine Frau ihr Kindlein vergessen, dass sie sich nicht erbarme über den Sohn ihres Leibes? Und ob sie seiner vergäße, so will ich doch deiner nicht vergessen. Siehe, in die Hände habe ich dich gezeichnet; deine Mauern sind immerdar vor mir." (Jesaja 49,14-16)

Eine gewichtige Gewissheit, auf der sich das Gottvertrauen und das Selbstbewusstsein des Volkes Gottes aufbauen und festigen konnte: Auch in weiter Entfernung und gefühlt größter Distanz ist es dicht an Gott. Auch wenn sie untreu sind, bleibt Gott treu. Selbst wenn etwas auf Abwegen ist, kann nichts aus der Umzäunung reißen. Auch das Abtrünnige ist und bleibt in Sicht- und Rufweite Gottes.

Jakob hat es erlebt und versprochen bekommen. Und das ist die Identität des Volkes Gottes geworden: „Und siehe, ich bin mit dir und will dich behüten, wo du hinziehst, und will dich wieder herbringen in dies Land. Denn ich will dich nicht verlassen, bis ich alles tue, was ich dir zugesagt habe." (1. Mose 28,15) Niemals und nirgendwo von Gott verlassen!

David führt dies weiter aus: „Wohin soll ich gehen vor deinem Geist, und wohin soll ich fliehen vor deinem Angesicht? Führe ich gen Himmel, so bist du da; bettete ich mich bei den Toten, siehe, so bist du auch da. Nähme ich Flügel der Morgenröte und bliebe am äußersten Meer, so würde auch dort deine Hand mich führen und deine Rechte mich halten. Spräche ich: Finsternis möge mich decken und Nacht statt Licht um mich sein –, so wäre auch Finsternis nicht finster bei dir, und die Nacht leuchtete wie der Tag. Finsternis ist wie das Licht.“ (Psalm 139,7-12) Auch in vermeintlich gottlosen Zeiten und Umständen: Nirgends ist totale Gottverlassenheit!

Gott selbst bekräftigt das, wie zum Beispiel in Jesaja 43: „Ich bin, ehe denn ein Tag war, und niemand ist da, der aus meiner Hand erretten (נצל) kann. Ich wirke; wer will's wenden?“ (Jesaja 43,13) נצל (nasal) bedeutet so viel wie „entreißen, wegnehmen, entziehen“. „Aus meiner Hand kann niemand entreißen, niemand etwas oder jemand wegnehmen!“

Im Neuen Testament lehrt Christus, dass er sich auf den Weg macht, das verlorene, das, was sich entzogen hat, abtrünnig wurde, zu suchen:

„Er sagte aber zu ihnen dies Gleichnis und sprach: Welcher Mensch ist unter euch, der hundert Schafe hat und, wenn er eins von ihnen verliert, nicht die neunundneunzig in der Wüste lässt und geht dem verlorenen nach, bis er's findet? Und wenn er's gefunden hat, so legt er sich's auf die Schultern voller Freude. Und wenn er heimkommt, ruft er seine Freunde und Nachbarn und spricht zu ihnen: Freut euch mit mir; denn ich habe mein Schaf gefunden, das verloren war. Ich sage euch: So wird auch Freude im Himmel sein über einen Sünder, der Buße tut, mehr als über neunundneunzig Gerechte, die der Buße nicht bedürfen." (Lukas 15,3-7)

Wir sind und bleiben im Territorium des guten Hirten. Auch in absoluter Trennungs- und Todeszone in seinem Herrschaftsbereich.

Paulus bringt es auf den Punkt: „Denn ich bin gewiss, dass weder Tod noch Leben, weder Engel noch Mächte noch Gewalten, weder Gegenwärtiges noch Zukünftiges, weder Hohes noch Tiefes noch eine andere Kreatur uns scheiden kann von der Liebe Gottes, die in Christus Jesus ist, unserm Herrn." (Römer 8,38-39)

Ein Wink mit dem Zaunpfahl. Stets umzäunt: Die Liebe Gottes reicht weiter als unsere Gefühle des Getrenntseins. Eine überlebensnotwendige Heilsgewissheit: Nichts kann uns trennen von Gott. Und Jesus verspricht: „Siehe, ich bin bei euch, alle Tage bis an der Welt Ende." (Matthäus 28,20)

Geleitwort

Das Wort G"ttes, der Tanach, wurde in Hebräisch geschrieben und in alle Sprachen übersetzt. Kein Buch hat eine ähnliche Verbreitung wie die Bibel, kein Buch hat die Menschheitsgeschichte auch nur annähernd so beeinflusst. In keiner Sprache ist G"ttes Wort so gewaltig, so tiefgründig und so lebendig, wie in der hebräischen Sprache. Und ein erster Schritt, die Tiefe der hebräischen Sprache auszuloten, ist dieses Buch.

Heiko Bräuning analysiert die hebräischen Worte und vermittelt Zusammenhänge und Lebensweisheiten, die sich beim Lesen der Übersetzung zunächst nicht erschließen. Er macht erfahrbar, wie widersprüchlich, komplex und vielfältig das hebräische Wort ist und wie es den Geist und die Seele seines Sprechers beeinflusst. Jede/r Pfarrer/in, jede/r christliche Religionslehrer/in sollte dieses Buch lesen, um die Wurzel ihres Glaubens besser zu verstehen und zu begreifen, wie mannigfaltig und aussagekräftig das Wort G"ttes in der hebräischen Sprache ist. In unserer modernen Zeit, in der Konsum und Unterhaltung das Interesse und Verständnis für die biblischen Worte verdrängen, kommt diesem Buch eine enorme Bedeutung zu.

Lea Fleischmann — Jerusalem, den 2. Juli 2023

Heiko Bräuning

Foto: Jonas Haldemann

(Jahrgang 1969) ist Pfarrer a. D. der Württembergischen Landeskirche. Er ist freiberuflich tätig als Hörfunk- und Fernsehjournalist, Musiker, Moderator und Autor.
2007-2019 war er Mitglied der Württembergischen Landessynode. Initiierte 2009 den wöchentlichen Fernsehgottesdienst „Stunde des Höchsten" bei BibelTV und anderen Sendern und moderierte ihn bis 2023. Moderator bei Fokus Jerusalem.
Im SongAtelier produziert Bräuning seit 2022 gemeinsam mit David Plüss persönliche Lieder, die man für persönliche Momente bestellen kann. Seit 2024 ist er verantwortlich für den Fernsehgottesdienst „Gunst der Stunde" (www.gunstderstunde.tv).
Mehrfach ausgezeichnet mit dem Medienpreis des Landes Baden-Württemberg.
www.heikobraeuning.de